Hermann Schmid

Ludwig im Bart

Ein Trauerspiel in fünf Aufzügen

Hermann Schmid

Ludwig im Bart
Ein Trauerspiel in fünf Aufzügen

ISBN/EAN: 9783743376571

Hergestellt in Europa, USA, Kanada, Australien, Japan

Cover: Foto ©Thomas Meinert / pixelio.de

Manufactured and distributed by brebook publishing software
(www.brebook.com)

Hermann Schmid

Ludwig im Bart

Ludwig im Bart.

Trauerspiel in fünf Aufzügen

von

Herman Schmid.

Ausgewähltes Preisconcurrenzstück.

Bühnenmanuscript.

München, 1865.
Druck der J. Deschler'schen Buchdruckerei.

Personen.

Besetzung in München:

Ludwig im Bart, Herzog von Baiern-Ingol-
stadt, Graf von Mortain (Mortagne) . Hr. Dahn.
Prinz Ludwig, der Höcker, ⎫ .... Hr. Possart.
Graf von Graisbach,   ⎬ dessen Söhne
Junker Wieland,   ⎭ .... Fr. Dahn-Hausmann.
Prinzessin Margarethe, Tochter des Kurfürsten
von Brandenburg . . . . Fr. Brand.
Warmund Pienzenauer, Rath ⎫ des Herzogs Hr. Herz.
Oswald Ottlinger, Hauptmann ⎭   Hr. Rüthling.
Jobst von Abensberg, ⎫ niederbairische ⎫ Hr. Tomschitz.
Kaspar von Laber,   ⎭   Ritter   ⎭ Hr. Leigh.
Konrad Freiberger, genannt der Fidelbogen Hr. Christen.
Utz, Ludwigs Leibdiener . . . . . . Hr. Büttgen.
Ein Bauer . . . . Hr. Davideit.
Ein Bürger von Ingolstadt . . . . . Hr. Keller.
Ein Ritter . . . . Hr. Eiseneck.
Ein Reisiger . . . . Hr. Thoms.
Niederbairische und ingolstädtische Ritter und Bewaffnete, Bürger
von Ingolstadt.

Der erste Akt spielt in Ingolstadt, der zweite auf dem Schlachtfelde von
Alling, der dritte in Neuburg, der vierte und fünfte in Burghausen.

Mitte des fünfzehnten Jahrhunderts.

Zum Erstenmale aufgeführt auf dem kgl. Hof- und Nationaltheater in
München am 3. Januar 1865.

Erster Aufzug.

Erster Auftritt.

(Schöne gothische Halle im Schlosse Herzog Ludwigs zu Ingolstadt; an den Wänden hängen allerlei Waffen. Im Hintergrunde seitwärts führen einige Stufen auf eine offene Thurmzinne mit der Aussicht in's Freie. Im Vordergrund ein runder Steintisch mit Stühlen. Junker **Wieland** steht in Mitte der Bühne und sieht nach der Thurmzinne, nach welcher er bei Oeffnung der Bühne einen Wurfspieß geschleudert hat. **Utz** kommt von der Zinne mit dem Wurfspieße zurück. Im Haupteingang in der Mitte, zu welchem ebenfalls Stufen emporführen, erscheint von außen Prinz **Ludwig** im Jagdkleid und bleibt stehen, Beiden unbemerkt zusehend.)

Utz. Gefehlt Junker, himmelweit gefehlt! Ihr laßt den alten Utz in den Wind reden, und thut eben, was Euch beliebt! Seht her — so hoch den Arm, den Fuß so vorgesetzt und dann den Wurf: macht Ihr's nicht so, bringt Ihr in Ewigkeit keinen rechten Bogenwurf zu Stande! Da, nehmt den Speer — versucht's noch einmal!

Wieland (stellt sich zum Wurfe an). Du bist ein alter Murrkopf, der mich nur quält und plagt! — Sieh her, nun ist's doch recht? Ach... mich schmerzt der Arm; die Schulter ist wie gelähmt... (Wirft den Spieß weg). Da lieg... Ich mag nicht mehr.

Ludwig (ohne sich von der Stelle zu rühren). Mach' Dir keine vergeb'ne Mühe, Alter — gib dem Knaben lieber den Rocken oder die Leier in die Hand: für Puppen sind die Waffen nicht gemacht!

Utz (hat den Speer aufgehoben, während Wieland unwillig an den Tisch im Vorgrunde geeilt ist). Ihr seid's, Prinz? Und wieder einmal unwirsch? Dann thut Ihr Recht, den bösen Tag dem Waidwerk zu opfern — Aber Ihr vergeßt wohl, daß der Herr stündlich eintreffen kann . . . wollt Ihr, daß er Euch nicht finden soll, wenn er kommt?

Ludwig (vortretend). Und soll ich windfeiern, bis es ihm gefällt, heimzukehren? Ich bin im Flug hieher gestürmt von Constanz bis Ingolstadt; kein Augenblick der Ruhe und kaum ein rascher Reitertrunk im Sattel hat mich gestärkt, nur um dem Vater gewiß zu Willen zu sein! So oft die Ermüdung ihr Recht fordern will, denk' ich mir, wie er wartet: wie Ungeduld und Sehnsucht ihn fast verzehren, bis ich die so wichtige Entscheidung bringe... Ich weiß, Alter, was es heißt, warten zu müssen, wenn's in der Seele stürmt... Da komm' ich an und — find' ihn nicht zu Haus! Er reitet vergnügt von Fest zu Fest im Lande herum... und denkt nicht mehr an mich und meinen Auftrag, hat Constanz, Kaiser und Urtheil vergessen! Warum auch nicht? Ich bin ein Thor, daß ich mich verwundere — was vergißt sich nicht, wenn man so glücklich ist, mit seiner Puppe zu spielen!

Uß (kopfschüttelnd, während Wieland Zeichen seines Unmuthes giebt). Ihr solltet so nicht reden, Prinz! Ihr thut damit Niemand, als Euch selber Schaden beim Herrn — der Junker ist nun einmal sein Augapfel!

Ludwig. Und der Deine auch! Und Euer Aller! — Geh' mir aus dem Gesicht, alter Zwischenträger, daß ich meine Hand nicht an Dir besudle! Ihr seid alle verschworen gegen mich! (Uß achselzuckend, seitwärts ab.)

Zweiter Auftritt.

(Ludwig will durch die Mitte ab, Wieland, der einige Zeit mit sich gekämpft, eilt ihm nach.)

Wieland. Ludwig ... Bruder ...

Ludwig. Was soll's?

Wieland. Sieh mich nicht so zornig an — ich will Dich nur bitten, Bruder, Du mögest nicht immer so unwirsch sein mit mir. Hab' ich Dich gekränkt, ich kann Dir betheuern, daß es ohne mein Wissen geschah und noch mehr ohne mein Wollen ... Du schiltst mich immer Bruder ... sag' mir lieber, was ich thun muß, damit ich Dir gefalle ... sage mir's und vollbring' ich's nicht, dann will ich nicht mehr murren, wenn Du mich schiltst.

Ludwig. Laß Deine Schmeichelart, bei mir verfängt sie nicht! Du bist mir zu weibisch.

Wieland. Und wenn es ist, bin ich nicht unter Weibern aufgewachsen? Du und der Vater, Ihr seid nie daheim, Ihr habt so viel draußen zu sorgen, zu thun, ... um mich kümmerte sich Niemand, als die Frauen des Hofes und mein alter griesgrämiger Utz!.. Ja, wenn Du mein Lehrer sein wolltest, Du würdest einen gelehrigen Schüler an mir haben. Dann müßtest Du mir alle meine Fragen beantworten und nicht ungeduldig werden und mir erzählen von den Fahrten und Fehden des Vaters — von Deinen eignen Kriegszügen und Abenteuern — (Sich zärtlich an ihn schmiegend). Siehst Du, so finster Du die Stirn faltest, um Deine Lippen spielt und zuckt es doch, als ob Du lächeln wolltest... nicht wahr, Du grollst mir nicht? Wirst mir nicht immer grollen?

Ludwig (der ihn nachsinnend betrachtet hat, etwas seitwärts tretend). Die schöne Stirn, die offenen klaren Augen!.. Der ganze Körper, welch' ein Ebenmaß...! Er trägt es, wie ein Wappenzeichen auf dem Schild, das den edlen Kämpen verkündet... Der Glückliche... ihm ward's vergönnt!

Wieland (zutraulich wie zuvor). Beginne gleich mit Deinem Unterricht. Erzähle mir von Deinem letzten Auszug; von Constanz, wo Du warst: was Du dort Herrliches gesehen und gehört... Wo liegt die Stadt? Ist sie schön? Wie lange muß man reiten, bis man sie erreicht?

Ludwig (mit seinem Unmuth kämpfend). Wenn man von der Donau weg den Lech hinaufgeritten, an Augsburg, der stolzen Bürgerstadt vorüber, dann kommt man in ein weites grünendes Bergland, das sich das Allgäu nennt im Munde des Volks. Von dorten steigt man nieder an den Bodensee, aus dem die Thürme von Lindau, wie ein klein Venedig ragen. Gegenüber, jenseits der Flut, die gleich einem Meere spiegelt, gürten sich die Berge von Tyrol, aus den Schweizeralpen stürzt der junge Rhein — und rechts, weit hinaus, empor aus Wasser und Duft steigen die Thürme von Constanz! Schön ist das Land, der See, die Städte alle und die Burgen, die ihn bekränzen — nur der Brandgeruch von Hussens Scheiterhaufen liegt noch darüber, als wär's ein Trauerflor. Die Mauern von Constanz faßten nicht die Gäste, die zu Hunderttausenden herbeigeströmt — dem großen Concilium galt's, das allen Zwiespalt in Lehre und Kirche schlichten sollte für ewige Zeiten — die Cardinäle, Bischöfe und Doktoren der ganzen Christenheit waren versammelt; mit ihnen die Fürsten des Reichs, den Kaiser an der Spitze, der das Concil berufen, und fast geblendet ward ein Menschenauge von all dem Glanze der weltlichen und geistlichen Gewalten, ein Menschenohr betäubt von dem Gewirr der Völker und der Sprachen ...

Wieland. Und waren auch kunstreiche Sänger darunter? Und edle Frauen?

Ludwig. An Sang und Kurzweil fehlt' es nicht — jede der fünf Nationen hatte ihre besten Meister geschickt ... Minstrels und Trovatori und Provençalen — die Engländer brachten gar eine ganze Bande von Schauspielern mit und von den Deutschen war Oswald von Wolkenstein da, der berühmte Minnesänger aus Tirol ...

Wieland. Und von den Frauen, Bruder? Erzähle von den Frauen!

Ludwig. Sieh' da, der Haken krümmt sich früh! Wornach frägst Du, Knabe? Wie die Sterne am Himmel steh'n in blauer Nacht oder auf grüner Wiese die Blumen im Maien, so strahlten die edlen Frauen und Dirnleins aus allen Herren Landen! Bei dem Ritterspiel, das Herzog Friedrich dem Kaiser gab, um die Flucht des Papstes zu verdecken, da saßen sie auf den Altanen gedrängt, Stern bei Stern, und Blume bei Blume ...

Wieland. Und welche war die schönste von Allen?

Ludwig. Toller Knabe — was für Fragen?

Wieland (schmeichelnd). Nun, ich frage, welche Dir als die schönste erschienen? O ich errath' es wohl, auch wenn Du es geheim haben willst ... Es war die Dame, von der Du mir schon einmal erzählt. Nicht wahr? Deren Farben Du trugst auf dem Stechen in Nürnberg, eh' Ihr gegen die Hussiten ausgezogen?

Ludwig (halblaut für sich). Das Gedächtniß ist ihm nicht treuer als mir das Herz!

Wieland. Meinst Du, ich habe das vergessen? Das

werb' ich nie... Sage, war's nicht Margarethe, die schöne Tochter des Burggrafen von Nürnberg?

Ludwig. Still Knabe... der Name hat schlechten Klang in diesen Hallen!... Ja sie war da! Sie war die Schönste von Allen — nach meinem Sinn die Schönste... die andern verblichen und erblaßten vor ihrem Schein, wie die Gestirne der Nacht vor dem Morgenroth...

Wieland (sich an ihn schmiegend). Du liebst sie, Bruder?

Ludwig (stößt ihn von sich). Aus meinen Augen, glatte giftzüngige Schlange! Ringelst Du Deine schönen Farben nur, den Arglosen in's Herz zu stechen? Aus meinen Augen, heuchlerischer Knabe!

Wieland (eilt weinend ab). Nun schiltst Du wieder... und ich habe Dir nichts zu Leide gethan... Ich bin kein Heuchler — Gott weiß, ich hab' Dich lieb, wahrhaftig lieb, aber Du willst es nicht sehen, Du... O Ludwig... Du bist recht unbrüderlich mit mir!

Dritter Auftritt.

Ludwig (allein, ihm nachsehend). Er läuft davon und weint — ich habe ihm weh gethan! Soll ich ihn zurückrufen?... Er weint... Er kann weinen — warum sind meine Augen geschmiedet aus so strengem Stoff, daß all' die innere Glut nicht einen Tropfen aus ihnen heraus zu schmelzen vermag? — Ich ruf' ihn nicht zurück!.. Warum mahnt er mich an ein Glück, das dem Verstoßenen ewig versagt bleibt? Was ich im finstersten Winkel meines Denkens vor mir selber verberge, warum reißt er es an's grelle Licht? Der Kranke zuckt zusammen und schlägt nach dem Wärter, der unbedachtsam an die schwärende Wunde rührt... (Hornsignal vom Thurme; Ludwig tritt auf die Zinne und sieht hinab.) Was deutet dieß? Das Thor knarrt, Hufe klappern... es ist der Vater... Hinweg von hier... ich bin wahrlich nicht gemuthet, ihm zu begegnen. (Seitwärts ab.)

Vierter Auftritt.

(**Herzog Ludwig** im Bart in leichter Rüstung durch den Mitteleingang; **Jobst von Abensberg**, **Kaspar von Laber** und andere niederbairische Ritter; **Utz**; **ein Bauer**, der im Hintergrunde stehen bleibt; **Konrad Freiberger**.)

H. Ludw. (indem er die Waffen ablegt und Utz übergibt, der sie auf den Steintisch legt). Noch einmal Gott zum Gruß, Ihr Herrn: es ist mir lieb, daß ich Euch begegnet bin, und Euch einen vergeblichen Ritt ersparen konnte. Ihr seid mir baß willkommen, aber gebt Vergunst — wie ich den Fuß aus dem Bügel und über die Schwelle setze, muß ich mein Amt als oberster Richter üben, noch eh' ich meinen werthen Gästen als Wirth gerecht werden kann. Ist mir da ein Bauer in den Weg gekommen, der eine Klage hat und sein Recht nicht finden kann... Oswald Freiberger, tretet vor — sieh' Dir ihn an, Bauer, ist das Dein Mann? Gut, dann sag' Deine Klage!

Bauer. Ich bin ein armer Gütler, Herr, draußen an der Donau, und hab' ein Häuflein Kinder und ein krankes Weib, aber ich hab' uns schlecht und recht fortgebracht auf dem Gütchen, das ich in Leibrecht hatte von dem Vater des Freibergers. Der war ein gemeiner freundlicher Herr und wie er einmal auszog gegen die Hussiten und Geld brauchte zur Ausrüstung, da ließ er es mir zukommen und ich habe mich frei gekauft, auf ewige Zeiten, gegen jährliche Gilt. Bin auch ruhig gesessen auf dem Gütel, bis vor ein paar Monaten der Junkherr kam und sagt', ich müßt es räumen: er brauche das Gut selbst, und kehre sich nicht an das, was sein Vater that...

H. Ludwig. Antwort, Freiberger — Was sagt Ihr dazu?

Konrad. Was ist da viel zu antworten? Es ist wie der Bauer sagt.

H. Ludwig. Und hat er die vertragene Gilt gezahlt?

Bauer. Auf die Stunde, Herr! bei Heller und Pfennig — aber der Junker hat nicht darnach gefragt, sondern ist mir mit einer Schaar Reisiger in's Haus gefallen und hat mich daraus verjagt mit Weib und Kind, daß uns nichts geblieben ist, als wie wir gingen und standen und wir einen Unterschluf suchen mußten in einer Erdhöhle im Wald.

H. Ludwig. Und so wagt man zu schalten in dem Lande, wo ich Herr bin? Ihr erkühnt Euch, so dem Recht in's Gesicht zu schlagen?

Konrad. Die Noth hat's gethan, gnädigster Herzog; Noth hat kein Gebot. Der Hussitenkrieg und die steten Fehden haben meine Habe aufgezehrt. Das Lehn ist ein Erbgut meiner Sippschaft — ich brauch' es nun selbst und nahm nur mein Eigenthum zurück, wie Rechtens!

H. Ludwig. Das thatet Ihr nicht! Ihr habt kein andres Recht als aus dem Vertrag, den Euer Vater geschlossen und der Vertrag muß heilig sein — unverletzlich und unerschütterlich! Er ist das Gerüste, auf dem alles Leben ruht, wie unser Leib auf seinem Gebein, wie die Erde unter uns auf den Felsrippen der Gebirge.

Konrad. Was aber soll ich beginnen? Meine Habe ist hin — soll ich vom Stegreif leben oder statt des Bauern in die Waldhöhle kriechen? Ich dächte, der Ritter wiegt den Bauer auf!

H. Ludwig. Mir nicht! An seinem Platze gilt mir Jeder gleich und wer Unrecht thut, besudelt sein Wappenschild und wär's das erste der Welt! Wißt Ihr nicht, wovon zu leben als ein ehrenfester Ritter... Ei, Ihr versteht ja so gut zu singen und die Fidel zu streichen... so zäumt Euren Klepper ab und steckt einen Fidelbogen in's Wehrgehäng! Sag' an, Bauer, hast Du dem Junker das Recht geboten?

Bauer. Freilich, vor meines gnädigsten Herrn Schrannengericht zu Bohburg, aber er hat sich nicht gestellt.

H. Ludwig. Also auch mein Landgericht mißachtet und geschmäht? So muß ich selber den Spruch thun als oberster Richter im Land. Das Gut ist des Bauern und Ihr habt nichts zu fodern als die vertragene Gilt... ich geb' Euch drei Tage und drei Stunden Frist: ist der Mann bis dahin nicht in seinem Besitz, so komm' ich selber und setz' ihn ein!

Konrad. Ich bedanke mich, gnädigster Herr und will mir den Rath merken wegen des Fibelbogens... das aber weiß ich, wenn das Recht so geübt werden soll, dann geht die Welt aus den Angeln!

H. Ludwig. Und wenn sie darüber zu Grunde geht — Recht muß Recht bleiben! (Freiberger trotzig ab, der Bauer ebenfalls unter den Geberden des Dankes.)

Fünfter Auftritt.

(Die Vorigen (ohne Freiberger und dem Bauern).

H. Ludwig. Verdenkt mir's nicht, Ihr Herrn, daß ich

zuerst Ordnung schaffe im Hause und thut mir jetzt beim Will=
komm=Trunk tapfern Bescheid.

Abensb. Wir sind die Letzten, gnädigster Herzog, die
Euch das verdenken — wo das Recht so starken Schutz ge=
nießt, da sind wir sicher, daß wir mit unserm Gesuche an
die rechte Thüre geklopft haben.

H. Ludwig. Ihr habt ein Gesuch an mich? Wohl, —
doch zuerst den Willkomm! Ich bin das so gewohnt und hab'
einen starken Ritt gemacht, auf welchen der Becher wohl mun=
den soll! Nehmt und stoßt an, edle Herrn — es ist ächter
Wein von Bordeaux. Seit ich in Frankreich war, hab' ich
den herbkräftigen Traubensaft liebgewonnen, er erinnert mich
an das schöne Land, das ich noch immer nicht vergessen kann!
(Utz hat Wein gebracht und für den Herzog und die Ritter Becher ge=
füllt. Ludwig hakt sein Schwert los, legt es auf den Steintisch und
setzt sich daran).

Laber. Ich glaub' es, gnädigster Herr; wer Paris
geseh'n, vergißt es wohl nicht wieder. Es sind bald vierzig
Jahre, daß ich als Edelknecht dort gewesen — es geht mir
nicht anders, wie Euch.

H. Ludwig. Es waltet ein freies fröhliches Leben dort,
eine feine Sitte und ein zierlicher Anstand... Die schönen
Stunden von Paris! Sie sollen leben — klinget an!

Abensb. (anstoßend). Doch sei darüber des schlichten deutschen Brauches nicht vergessen! Die deutsche Ehre und die
deutsche Freiheit!

H. Ludwig. Und das deutsche Recht — Freiheit und
Ehre sind nur bei dem Recht! Doch Ihr sagt das so ernst=
haft.... Was habt Ihr?

Abensb. Gnädigster Herr, Ihr vergeßt — unser An-
liegen...

H. Ludw. Ja so, Euer Gesuch! Nun denn, so laßt
hören, was Ihr von mir begehrt!

Abensb. Ihr wißt wohl, gnädigster Herr, wie Euer
durchlauchtiger Oheim, Herzog Heinrich von Landshut, unser
Landesherr, von jeher ein streng und gewaltsam Regiment ge=
führt...

H. Ludw. Will's dahinaus? Hat mir's doch geschwant!

Abensb. Er hat manchen harten Eingriff gethan in

unser gutes altes Recht: wir ertrugen es, denn ein streng Regiment ist auch ein starkes, das durch erhöhten Schutz vergilt, was es an freier Bewegung nimmt ... aber jetzt ist die Gewalt unerträglich worden, sie geht über das Maß, das dem Manne zu dulden erlaubt ist, ... wir wären Memmen, wollten wir das länger tragen!

H. Ludw. (in steigender Bewegung, die er im Verlaufe zu verbergen und zu unterdrücken bemüht ist). Mein Vetter Heinrich hat ein streng Gemüth — ich weiß es wohl, es ist vom Geiz gehärtet...

Abensb. Darauf bauen wir, daß Ihr ihn selber kennt. Der Herzog war minderjährig bei seines Vaters Tod, wir hatten lang üble Vormundschaft im Land und nun glaubt er sich schwer verkürzt durch deren Schwäche und Sorglosigkeit ... Drum hat er den Befehl erlassen, alles Gut und aller Besitz im Land sei des Herzogs und von ihm verlieh'n und wer sein freies Eigen nicht beweisen könne mit Brief und Siegel, dessen Güter und Burgen woll' er einziehen als heimfällig und wolle sie wieder verleihen an Andere, die dessen würdiger seien!

H. Ludw. (hat eine heftige Bewegung nach dem Schwert auf dem Tische gemacht, hält aber zurück). Ein stark Begehren — und Ihr vermeint, daß er's wirklich in's Werk setzen will?

Abensb. Er wird's, wir haben den Beweis! Der Herzog rühmt sich eines Anspruchs an Ritter Kaspar den Torringer, der Euch wohl bekannt. Der Torringer aber widersagts und bot dem Herzog an, den Spahn friedlich auszutragen vor des Kaisers Stuhl. Der Herzog schwieg. Vor einigen Wochen nun war groß Turnier und Fest auf der Trausnitz und auch des Torringers Ehefrau mit ihrer Sippe war gekommen — er selbst liegt krank an einer alten Wunde, die ihm aufgebrochen. Wie dann der Kirchgang aus und der Herzog durch die Reihen schritt, sah er die Torringerin stehen, die nach Gebühr und Sitte sich verneigt... Er aber, zornroth im Angesicht, tritt auf sie zu, „Euer Gespons ist mein Schuldner" rief er der Frau entgegen, aber ich denke wohl, ich mache mich bezahlt." Damit faßte er nach dem Steingeschmeide, das ihr auf der Brust schimmerte und riß es ihr mit höhnischem Lachen gewaltsam vom Halse!

H. Ludw. (Ist aufgesprungen und schreitet hin und wieder.) Und der Torringer, sagt Ihr, liege krank?

Abensb. Sonst wär' er hier, der Erste unter uns! — So, gnädigster Herr, sind wir bedroht von Rechtsbruch und Gewalt, aber auch entschlossen, sie nicht zu dulden! Wir sind darum auf den Sonntag Jubika in Mainburg zusammengeritten und haben uns alle eingeschworen zu einer ritterlichen Landschaft, zu Schutz und Trutz für unsere guten Gerechtsame und wollen dem Herzog offene Fehde ansagen.

Laber u. die übr. Ritter. Das wollen wir! Das haben wir geschworen!

Abensb. Bereit ist Alles zu dem ersten Schlag — nichts als der Führer fehlt: ein klug und gewaltig Haupt, das Alles leitet und zusammenfaßt und dieser Führer soll kein anderer sein als Ludwig im Bart, der Herzog von Ingolstadt!

Laber u. die Ritter. Des Bundes Führer — Herzog Ludwig Heil!

H. Ludw. (Hat den Griff nach dem Schwerte wiederholt, dann mit gewaltsamer Mäßigung.) Ich beklag' Euch, werthe Herren, — das ist ein böser Handel, aber Euer Führer kann ich nicht sein!

Abensb. Nicht? Gilt unser Recht Euch minder, als des Bauern?

Laber. Das erstemal, daß Ludwig im Bart dem Rechte seinem Schirm versagt!

H. Ludw. Das wird der Ludwig nie... Als ich auf meinem Zuge in's gelobte Land demüthig mein Gebet gesprochen am Grabe des Heilands, da gelobt' ich zum Angedenken an den heiligen Augenblick, daß mein Bart Scheere und Messer nicht mehr spüren solle mein Leben lang... bei meinem Barte denn, Ihr Herrn, das wird der Ludwig nie! Bei Euch ist's noch nicht so weit, als ob Ihr rechtlos stündet: noch habt Ihr nicht Fug, zur Gewalt zu greifen — ein milderes Mittel gibt es noch — der Kaiser ist Herzog Heinrich's Oberhaupt, wie das Eure: er ist der höchste Schirm und Hort des Rechts im Reich — eh' Ihr zur Fehde schreitet, sucht Euer Recht bei ihm.

Abensb. Spottet Ihr unser, gnädigster Herr? Der Herzog hat unser bescheiden Bitten nnd Vorstellen mißachtet und zuerst Gewalt gebraucht! Er wird sie weiter üben — bis uns der Schneckengang des kaiserlichen Rechts geholfen, sind wir vernichtet!

H. Ludwig. Ich thu' es nicht! Sie nennen mich den Störenfried, weil ich niemals im Leben ein Unrecht litt und Manchen dafür beim Kopfe nahm, ohne zu fragen, ob's ein geschorner Kopf war, ein behelmter oder ein gekrönter... Sie nennen mich den Mann, gegen den jede Hand erhoben sei und der seine Hand erhebe gegen Jedermann — d'rum hab' ich mir's selbst gelobt, ich wollt' Ruhe halten, auf daß es klar wird, wer den Frieden stört... Also geht, Ihr Herrn und sucht beim Kaiser Hilfe.

Abensb. Beim Kaiser, Herr? Als ob der Kaiser nicht mit andern Dingen, mit den Kirchensachen so beschäftigt wär', daß er für uns nicht mehr haben wird, als leere Vertröstung und ein nichtssagend Achselzucken? Unsere gute Sache ist verloren, wenn Ihr nicht unser Führer seid!

H. Ludwig. Ich thu' es nicht! Sie sagen, Ludwig im Bart sei von störrischem Gemüth — ich will es ihnen in die Zähne beweisen, daß sie lügen! Ich liebe alle Welt, nur zwei Menschen haß' ich, aber so gründlich und rechtschaffen, als ich alle Welt liebe! Das Nürnberger Burggräflein, das sich den Brandenburger Kurhut erlistet hat, ist der Eine, der zweite ist Euer Gegner, mein Vetter Heinrich von Landshut... Wißt Ihr, was Er mir angethan? — Die Landshuter Bürger waren aufgestanden, empört durch die rechtlose Willkühr der Günstlinge des jungen Herzogs; sie wurden überwältigt und Heinrich begann ein furchtbar Strafgericht... Die Köpfe waren damals wohlfeil geworden in Landshut. Mich jammerte dessen und als der Aeltere ging ich meinen Vetter an, macht' ihm Vorstellung und bat ihn, dem Gerichte Einhalt zu thun... Er that es nicht und als er höhnisch mir erwidert, er wisse selber, was er zu thun und zu lassen habe, da stieg der Unmuth mir in Kopf und Zunge... ich schalt ihn einen Bluthund und ritt fort. Dachte wohl, der Fehdebrief werde nicht lange auf sich warten lassen! Er nahm's aber hin — vor einigen Monaten erst, als wir zu Constanz beim Concilium am Hof des Kaisers uns begegneten, da machte er seinem feigen Grolle Luft! Wie ich einmal Nachts schier unbewehrt und arglos nach meiner Herberg reite, überfällt er mich hinterlistig mit einer Schaar Bewaffneter, wirft mich nieder und verwundet mich... Bei meinem Bart, als ich genesen war, da fraß es mir am Herzen, meine Faust juckte mich und das Schwert tanzte in der Scheide, es ihm heimzugeben, wie ich wohl gedurft nach solch' rechtlosem Ueberfall... ich that es nicht! Ich hab' ihn nicht geschlagen! Zum Kaiser ging ich und foderte von ihm mein Recht... mit der Ungeduld des Fieberkranken wart' ich noch auf diesen Spruch und habe meinen Sohn Ludwig in Constanz zurückgelassen, daß er ihn betreibt und rasch mir überbringt! Ihr seht — ich kann für Euch nicht thun, was ich für mich selber nicht gethan.

Uß. Wenn Ihr den Prinzen nur erwartet, gnädigster Herr... der ist vor wenig Tagen angekommen.

H. Ludw. Von Constanz angekommen? Und noch nicht bei mir? Geh — ruf ihn mir sogleich! (Uß ab.)

Sechster Auftritt.

(Die Vorigen ohne Uß. Junker Wieland eilt hastig herein auf den Vater zu.)

Wieland. Mein Vater, Vater! Sei mir gottgegrüßt!

H. Ludw. Sieh da, mein schöner Knabe! (Ihn liebkosend.) Gott zum Gruß hinwider. Wie lebtet Ihr die Zeit?

Wieland. Verdrießlich, Vater. Du bist so lange weggeblieben; versprich mir, wenn Du wieder ausreitest, daß Du mich mitnehmen willst...

H. Ludw. Wirst mir schon flügge, muntres Vögelein? Nun wohl, Du sollst bald aus dem Nest — sollst bald die jungen Schwingen versuchen dürfen! Vergebt Ihr Herrn — ich hab' den Knaben lieb. Mit Frau Anna von Bourbon, meinem erlauchten Ehgemal... Gott hab' sie selig... hab' ich der Freuden nicht viel zu erleben gehabt; die Mutter dieses Knaben hab' ich geliebt... ach ja wohl geliebt! Ueber Alles geliebt! Ich liebe sie noch in ihrem Sohne, in dem ich die Schönheit der Mutter noch einmal schaue und mit ihr ein Stück Vergangenheit und der eignen Jugend!

Siebenter Auftritt.

(Die Vorigen, Prinz Ludwig, anfangs etwas im Hintergrunde.)

H. Ludw. Sieh' da, Ludwig, mein Sohn! — Warum

kommst Du nicht augenblicklich, mir Deine Botschaft zu bringen? Bist Du Deiner Pflicht so wenig gedenk?

Ludw. (für sich.) Für ihn nur Liebe . . . das erste Wort an mich ist Groll! (Laut) Ich dachte, meine Botschaft komme immer früh genug.

H. Ludw. Was soll das heißen? Warst Du nicht beim Kaiser? Bringst Du die Entscheidung nicht?

Ludw. Ich war beim Kaiser und bringe die Entscheidung.

H. Ludw. So säume nicht; ich weiß, wie sie lauten muß — noch gibt's ein Recht in deutschen Landen.

Ludw. Ich war beim Kaiser, mehr als siebenmal und immer ward ich mit leerer Ausflucht abgefertigt . . . man habe And'res, Wichtigeres zu thun, hieß es; die Sache sei noch nicht reif, der Spruch noch nicht gefaßt . . .

H. Ludw. Ich kenne das — das ist Kaspar Schlick, der Kanzler, der gern für seinen kleinen Groll an mir sich reibt. Nur weiter!

Ludw. Den Kanzler sah ich nicht — des Wartens überdrüssig trat ich zuletzt einmal unangemeldet ins Gemach des Kaisers.

H. Ludw. Du thatest Recht.

Ludw. Der Kaiser meinte das nicht. Ich störte ihn, sagte er, und es mochte wohl so sein, denn ein zierlich Tischlein war mit Wein und Speisen reich besetzt, eine Laute lag dazwischen, der Kaiser hatte einen Lorbeerkranz im grauen Haar und aus dem niederrauschenden Vorhang des Nebengemachs sah ein voller nackter Arm, der mir nicht dem Kanzler zu gehören schien!

H. Ludw. O deutsches Reich, du bist in guten Händen! — Doch der Bescheid?

Ludw. Unwirsch fuhr mich der Kaiser an, und als ich ihm erwidert, daß es nicht geziemend sei für einen Fürsten von Baiern, im Vorgemach auf Einlaß zu warten, und wär's zehnmal des Kaisers Vorgemach, — da sagt' er, in mir stecke meines Vaters Blut, der wilde, zur Empörung stets geneigte Sinn! Der Spruch sei gegen Euch ergangen . . .

H. Ludw. (der sich niedergesetzt und mit dem Schwerte gespielt, in immer steigender Erregung). Gegen mich?

Ludw. Ihr hättet Herzog Heinrich durch unleidliche Beschimpfung vorher gereizt . . .

H. Ludw. So? That ich das?

Ludw. Herzog Heinrich soll eine Wallfahrt thun lassen nach Compostell — Ihr aber sollt Ruhe halten und keiner Schädigung des Gegners Euch unterfangen, bei Reiches Acht und Aberacht!

H. Ludw. Die Reichsacht angedroht? Mir — Ludwig von Ingolstadt? Dem Baierherzog?

Ludw. Hier der Bescheid! (überreicht ihm ein Pergament mit Siegeln)

H. Ludw. Her damit — das muß ich seh'n, wenn ich es glauben soll! . . . Es steht so da, . . . hier, schwarz auf weiß geschrieben . . . Was? Gegen mich entschieden? Gereizt hab' ich den Herzog und drum gegen mich entschieden? Die Reichsacht mir angedroht und eine Bettelfahrt die ganze Sühne für mein Blut? — Ha schnöder Kaiser, falscher Sigismund — ist das ein Kaiserspruch? Ist das ein rechtes Urtheil und Gericht? Zu Boden hast du sie geworfen, wie ich dieß Blatt zu Boden schleudre... (Er thut es und ergreift das Schwert.) Kannst Du das Recht nicht lesen mehr, das geschrieben steht von Anbeginn in Menschenbrust, will ich's mit Blut in Deine Seele schreiben, mit Feuer brennen in Dein falsches Herz ... (Zu den Rittern, die ihn umdrängen:) Jetzt wird Euch Euer Recht — ruft Eure Mannen auf — jetzt bin ich Euer Führer!

(Gruppe — der Vorhang fällt.)

Zweiter Aufzug.

(Kriegerische Zwischenmusik, Schlachtlärm, die auch nach eröffneter Bühne noch fortdauern. Gegend auf dem Schlachtfelde bei Alling; Zelte im Hintergrunde. Eine Schaar ingolstädtischer Krieger zieht sich langsam zurück, unter ihnen **Oswald Ottlinger** und **Junker Wieland** in kriegerischer Rüstung.)

Erster Auftritt.

Wieland. Steht! Nicht zurück! Ihr seht, sie verfolgen uns nicht mehr, — sie haben mit sich selbst zu thun! Mir nach — wir werfen sie von der Seite in den Fluß!

Ottlinger. Es geht nicht Junker, wir sind zu erschöpft... (In die Scene rufend:) Die Karrenbüchsen an den Wald! Die Pikenträger vor und auf die Knie! Sie sollen uns den Rückzug decken!

Wieland. Den Rückzug! Welche Schmach! Im ersten Waffengang geschlagen!

Ottlinger. Das Loos des Krieges, junger Herr! Doch tröstet Euch — eine Schlacht verlieren hieß schon manchmal einen Feldzug gewonnen — ein kleiner Umstand gibt oft raschen Umschlag. Wenn es wahr ist, wie das Gerede geht, daß Prinz Ludwig, Euer Bruder, eine fürnehme Frau zur Gefangenen gemacht...

Wieland. Eine Frau mitten in Krieg und Schlacht?

Ottlinger. Es soll die Tochter Friedrichs von Brandenburg sein, unsres Hauptgegners... Er hat sich verschworen, das Schwert nicht eher wieder in die Scheide zu stoßen, bis der bärtige Ludwig zu Boden liegt, um sich nie mehr zu erheben!

Wieland. Er soll es nicht erleben! Und wenn er nochmal mit dem ganzen Reiche, mit noch zehn Fürsten und noch zwanzig Bischöfen sich verbündete, — er soll nicht, so lang in diesem Arm, in diesem Herzen noch eine Fiber zuckt!

Ottlinger. Sie haben es angestellt gegen den Herzog, wie ein Treibjagen auf einen Edelhirsch! Wem er irgend einmal durch den Sinn gefahren, der kam herbei und bellt in der Meute mit! Und was der Haß zusammengefügt, das soll die Liebe kitten — es will von einem Ehebund verlauten, der im Plan sein soll zwischen Margarethe von Brandenburg und einem der Verbündeten. Drum hat der Kurfürst sie gerufen und Achilles, der Bayreuther Markgraf, brachte sie in's Lager.

Wieland. Eine große Neuigkeit... ich wäre wohl begierig, die schöne kriegerische Frau zu sehen...

Ottlinger. Das mögt Ihr leicht: mich dünkt, ich sehe dort den Prinzen nah'n, ein Frauenbild mit ihm — die wird's wohl sein. Doch hielt' ich's besser, Ihr sucht den Herzog auf; er ist besorgt um Euch. Beruhigt ihn und bringt ihm zuerst die große Botschaft.

Wieland. Ich dank' Euch, Hauptmann: Ihr habt Recht; — (bei Seite) ich will ihm auch nicht begegnen, da er die still Verehrte als Gefangene mit sich führen muß... Armer Bruder! (Alle ab.)

Zweiter Auftritt.

(Nach einer Weile kommt **Prinz Ludwig** von der andern Seite, mit ihm **Margarethe von Brandenburg**, **Ritter** und **Reisige**, die sich auf Ludwigs Wink zurückziehen.)

Ludw. Befehlt, Hauptmann, daß man die Zelte richte.

Marg. Des Glückes Wetterlaune entschied für Euch — doch werdet Ihr auch der Gefangenen die Bitte nicht versagen: zeigt mir mein Zelt und schickt mir meine Frauen!

Ludw. Wie gern erfüllt' ich diese Bitte, so befehlend sie auch klingt — doch kann ich leider nicht: die Weiber sind davongelaufen, wie die Gefahr auf sie herankam... Ihr werdet Euch behelfen müssen, schlecht und recht: wir sind im Lager nicht eingerichtet, Frauen zu beherbergen!

Marg. Ihr spottet, weil ich unweiblich mich in der Männer Kampf gemengt... und wißt doch nicht einmal, warum es geschah!

Ludw. Wohl weiß ich das — aus Liebe oder Haß geschah's: Eins von den Beiden immer treibt die Frauenseele... Wo käme Liebe her für uns? So war's der Haß, der Euch den Harnisch schnallte.

Marg. Dünkt Euch des Weibes Herz so seichter Art, mit Einem Blick ihm auf den Grund zu schaun? Mich hat der Haß nicht in den Krieg geführt — des Vaters Wille that's, und — ich verläugn' es nicht!... bin ich auch ein Weib und weiblich nur erzogen: ich fühl' etwas in mir von Mannesmuth! Ich wollte sehn — als Fürstentochter wollt' ich selber fühlen, wie der Tod in der Schlacht über Volk und Fürsten die Würfel rollen läßt!

Ludw. (sie seitwärts betrachtend). Wie schön sie ist!... Wie der Unmuth selbst diese tiefen Augen noch vertieft... der

dunkle Grund läßt heller nur die Schönheit leuchten!... (Laut.) Der hohe Sinn, den dieses Antlitz zeigt, wohnt auch in Eurem Wort: doch wird der Mannesmuth Stand halten in der Weiberbrust und bangt Ihr nicht vor der Gefangenschaft?

Marg. Die Furcht ist fremd im Haus der Hohenzollern — auch weiß ich, wessen ich von dem Ritter mich zu versehen, dem sich mein Schwert ergab...

Ludw. (Fährt auf.) Ihr kennt mich also? (Bitter). Natürlich — ich vergaß, daß ich gezeichnet bin!

Marg. Nicht doch, Ihr vergaßt, daß wir uns schon gesehen... zu Nürnberg beim Turnier...

Ludw. (Unwillkürlich erwarmend.) Im Ernste, Fürstin... daran denkt Ihr noch?

Marg. Sollt' ich so schnell vergessen, wer meiner Farbe dreimal zum Sieg verhalf und wer aus meiner Hand den Dank empfing?

Ludw. (wieder schroff). Hm... Kinderzeit und Kinderspiel! Heut', und jene Zeiten, welch' ein arger Wechsel!... Heut' siegten andre Farben und die Dame, für die ich dort im Schimpfspiel meine Lanze brach, steht nun im Ernst vor mir, als meine Feindin und Gefangene!

Marg. (ihn fest ansehend). Ihr sagt die Wahrheit, Prinz, ein arger Wechsel... Laßt uns drum rasch die unangenehme Begegnung enden; gebt meinem Vater Eure Bedingungen kund und macht Euch von verhaßtem Anblick frei...

Ludw. Meint Ihr? Es ist nicht meine Art, so leichten Kaufs den Vortheil aufzugeben, den das Glück mir zugeschleudert. Den höchsten Preis will ich dafür verlangen — drum grollt dem Geize Eures Vaters, Fürstin, und nicht mir, wenn Eure Schönheit vielleicht lang im Ungemach des Kerkers trauern muß.

Marg. Ihr schreckt mich nicht. Hab' ich Euch auch nur kurze Zeit gesehen, weiß ich doch, nichts Unedles hab' ich von Euch zu befahren... Ihr macht Euch selber böser als Ihr seid!

Ludw. Wer lehrt' Euch das? Wer bürgt Euch, daß diese Kenntniß nicht in mir sich irrt? Es gibt Menschen, denen der Himmel in Antlitz und Gestalt ein Zeugniß schrieb, daß das Vertrauen sich ihnen arglos nahen darf... doch Andere hat er gezeichnet, damit die Klugheit sich zu hüten weiß, wie vor dem Stier, dem man den Büschel an die Hörner steckt.

Marg. Ich glaub' es nicht — Eure bittere Rede soll mir die Zuversicht nicht zerstören, die gläubig in meiner Frauenseele wohnt. Hättet Ihr's der Erinnerung werth befunden, Ihr wüßtet noch, wie wir den Tag nach dem Turnier zur Jagd ritten und dahinzogen durch den mächtigen fränkischen Hochwald mit den riesenhaften Stämmen, die ihr Gezweig zu Einem grünen Dach verschränkten — Dunkel, schweigsam und fast schaurig war es in dem Wald, doch grün und frisch und schattig auch... Ihr rittet wortlos neben mir... da däucht' es mich, ich blicke in Euer Herz und Eures Wesens Bild glaubt' ich in dem Walde zu erkennen!

Ludw. (finster). Der Wald ist längst nicht mehr... Die Stämme stehen verkohlt und schwarz, das Laub ist verbrannt, das frische Grün versengt... das wilde Feuer ging darüber hin...

Marg. Nein Prinz! noch grünt der Wald! Nur kühler, schauriger noch ist er als zuvor — der Pfad verwildert, vom feuchten Grund schießt Unkraut auf — denn undurchdringlich ist das Blätterdach... der warme Sonnenstrahl sucht vergebens durchzudringen.

Ludw. Er sucht vergebens — ja und wird es nie!

Marg. Des Waldes Hüter sollte sorgen, daß das Gezweige sich nicht immer dichter in einander schlingt — eine kluge Hand dem finstern Ueberwuchern wehren... dann zuckt der Sonnenstrahl doch durch die Blätter, das Licht bringt hell und warm in den neu aufgeschlossenen Raum und spielt verschönt im jungen Gras des Bodens.

Ludw. Ein lieblich Bild — und doch ein Irrthum, Fürstin! Ihr wißt es nicht, Ihr habt es nie erfahren, was es heißt, einsam auf dem von Allen gemiedenen Pfad zu gehn — ein freundlich Verhältniß hat Euch erzogen, die Freude war's, die Euch groß gewiegt, und wo Ihr erschient, hat Alles huldigend vor Euch und Euer Schönheit sich geneigt — ich, ich weiß besser zu erzählen von dem dunklen Irrpfad, den Ihr meint... Kennt Ihr den Sonnenstrahl, der jenem Walde fehlt? Soll ich das Licht Euch nennen, ohne das er verwildern und er- muß?... Der Strahl ist das süße Bewußtsein, Andern gleich gebildet, sich Allen anschließen zu dürfen! Liebe heißt das Licht... die Liebe, die das Gleiche, das schön Verwandte im innigen Bunde neu entstehen läßt!... Mich hat dieser Lichtstrahl nie beschienen und gewärmt — Die Mutter sah ich nie; von fremder Ammensorge ward ich groß gefüttert, aus Mitleid, wie ein aus dem Nest gestoßener Vogel — vom Vater mit mißvergnügten scheelen Blicken angeseh'n, von den Gespielen verlacht, von meiner Umgebung insgeheim belächelt und verhöhnt... Mit vollem Herzen und mit frischen Augen abgeschieden von den Uebrigen, ausgeschlossen von Allem, nur seine eigne Art zu sein... O Fürstin, alles Grün und Kühl des Waldes hält nicht Stand vor dem vernichtend wilden Feuer dieser Qual!

Marg. Oh — wie beklag' ich Euch...

Ludw. Hör' ich denn Recht? Dieß Wort bringt in die Waldnacht, wie das Glöcklein der Kapelle, das unsichtbar von Himmelshoffnung spricht! Ich habe mich aus der Frauen Nähe selbst verbannt: was ich an Frauenschöne, an edlem milden Frauensinn kenne — seit ich Euch geseh'n, in Eurem Bilde ist es mir vereinigt... Und Ihr, Ihr höhnt mich nicht, da ich Euch näher trete?..

Marg. Des Mannes ächte Zierde ist der feste Sinn, ein stetes kräftiges Gemüth, das in Lust und Leid zur sichern Stütze dient.

Ludw. Wer weiß es mehr als ich, wer wüßt' es besser, Ihr seid nicht, wie Euer trügerisch Geschlecht... Wie Eine Sonne nur am Himmel leuchtet, so seid Ihr ohne Eures Gleichen — nur Ihr selbst!... O senkte diese Sonne einen Strahl, den einzigen nur in jenen finstern Wald... dann zöge Luft und Licht und Leben in ihm ein — Die Wildniß blühte auf zum Paradies in diesem Strahl!

Marg. Prinz! Ihr vergeßt Euch...

Ludw. (bitter). Vergaß ich mich? In der That, mich dünkt, daß ich es that! — Ihr vergeßt Euch... O wahrlich ein fürtrefflich Wort!.. Ich war der Thor, einen Augenblick mich selbst zu vergessen — zu vergessen, daß ich zu den Gezeichneten gehöre, die man wohl bedauert, wie den Bettler, der am Wege jammert, doch die man höhnt, wenn sie von Liebe reden... Seid ruhig Fürstin — nie mehr wird solch wahnsinnig werben Euch verletzen... und Euch ein Anblick erspart sein, der nur Euer Mitleid fordert.

Marg. Ludwig... Ihr mißdeutet mich!

Ludw. (Immer bitterer.) Nein, nur zu wohl, zu klar versteh' ich Euch! Ihr seid in meiner Macht — das wußtet Ihr und dachtet, mit Streicheln mich zu begütigen, wie einen knurrenden Hund! Die Finte war zu sparen, Fürstin... Ihr seid in meiner Hand — (Margaretha blickt ihn fragend an, die Blicke begegnen sich: er hält inne und fährt milder fort:) Ja, doch auch in meinem Schutz und nichts Unwürdiges soll Euch begegnen! Dafür bürg' ich, und damit ich's kann, sollt Ihr auch in meinen Händen bleiben — mein Fürstenwort setz' ich dafür zum Pfand! — Geliebt es Euch, so folgt mir in das für Euch bestimmte Zelt... ich höre Menschen nahen, denen zu begegnen Euch nicht erfreuen möchte.

Marg. Ich folge, Prinz, das mag Euch zeigen, wem ich mehr Glauben schenke, Euren Worten oder Euch selbst!

Ludw. O Fürstin — Eure Worte spielen mit meiner Seele, wie der Wind mit dem Baume, der widerstrebend sich vor ihm beugt! Er kann ihn brechen, stürzen — doch, er kann die Wurzel auch im Grund befestigen, daß der Wipfel, noch höher ragend, jedem Blitzstrahl trotzt! Wenn ich's verstehen dürfte...

Marg. Wir seh'n uns wieder, Prinz... Jetzt bin ich gefangen und meine Zunge ist es mit! (Ab gegen die Zelte.)

Dritter Auftritt.

(Utz, Kaspar von Laber mit einer Schaar von Kriegern, die sich dann theilt).

Utz. Unser Weg geht hinüber an die Waldspitze!

Laber. Der meine dort auf die Halde — man fürchtet einen Ueberfall heut Nacht.

Utz. Sie denken nicht daran — wir haben sie zu sehr geklopft, trotz ihres Sieges!

Laber. Wer weiß auch, was sich ändert über Nacht... vorhin ging das Gerücht, Kaiser Sigmund sei gestorben: ist das wahr, wird Manches anders werden.

Utz. Ganz gewiß. (Mit Beziehung) Gar mancher wird sich sputen, heim zu kommen und nimmt lieber ein blaues Auge in den Kauf! — Nun meinetwegen, wenn der Wind in die Tenne bläst, sieht man am Besten, was Korn ist und was Spreu! — Gute Wache, Herr! (Ab zu verschiedenen Seiten.)

Vierter Auftritt.

(Im Vordergrunde treten auf **Herzog Ludwig, Wieland, Ottlinger, Abensberg** und Andere.)

Abensb. Wie ich Euch sage, gnädigster Herr, ich bin dem Junker nicht von der Seite gewichen und kann's bezeugen, er hat sich wacker gehalten, — nicht wie ein Knabe mehr, nein wie ein ganzer Mann!

H. Ludw. Es ist mein Blut, mein ächtes Blut! Fahr' nur so fort, mein Knabe — Du sollst ein eisenfester deutscher Ritter werden, und daß bei der Kraft die Zierlichkeit nicht fehle, will ich Dich dann nach Frankreich schicken, zu Isabeau, meiner königlichen Schwester.

Ottlinger. Der Junker hat sich wacker geschlagen... doch um der Gerechtigkeit willen darf es nicht ungesagt bleiben, das Hauptverdienst des Tages gebührt dem Prinzen Ludwig. Die Münchner Bürger waren wie losgebundne Doggen und drangen, ihren jungen Herzog Albrecht an der Spitze, wie wüthend auf uns ein...

H. Ludw. Das hab' ich nun davon, daß ich den Münchnern herausgeholfen, als sie sich vor Jahren einen schlimmen Handel eingebrockt mit ihren Fürsten, — das ist der Dank, auf den man rechnen darf!

Ottlinger. Wir hatten Herzog Albrecht schon umringt, Prinz Ludwig streckte schon den Arm aus, ihn zu entwaffnen, als Herzog Ernst und die Münchner dazwischenstürzten. Der Prinz hat gefochten wie ein Held.

H. Ludw. Dann that er mehr nicht als seine Pflicht: dem Erstlingsgange meines wackern Knaben gebührt das größere Lob. Wo ist Ludwig?

Ottlinger. In seinem Zelt: es ist nach ihm geschickt. Befehlt indessen, was mit dem kaiserlichen Achtbrief geschehen soll, der eingetroffen. —

H. Ludw. Laß' ihn durch's ganze Lager tragen und laut vorlesen — ich halte keinen auf, der mich verlassen will: auch besiegt bin ich der Mann, wenn mir nur zehn Getreue bleiben, die ganze Verbrüderung heimzuschicken, die sich so eilig zusammengethan hat gegen mich. Ich will dem Brandenburger den Kurhut wieder abjagen, und diesen Landshuter lock' ich mit einem klingenden Geldbeutel, wohin mir beliebt. Hab' ich doch das beste Mittel in der Hand, sie Alle kirre zu machen — bestätigt sich die Botschaft, daß des Brandenburgers Tochter in unsre Hände fiel, dann wiegt sie drei verlorne Schlachten auf. In der That, mich lüstet, die Züge meines Feindes in der Weiberhaube zu seh'n ... Wo bleibt sie nur?

Ottlinger. Da kommt der Prinz.

Fünfter Auftritt.

(Vorige; Prinz **Ludwig** mit einigen Rittern.)

Ludw. Mein Herr und Herzog hat nach mir gesandt — ich harre des Befehls.

H. Ludw. Du hättest des Befehls mich überheben können. Ist's wahr, was das Gerücht erzählt, Du habest Margarethen, des Brandenburgers Tochter, zur Gefangenen gemacht?

Ludw. Das Gerücht ist wahr.

H. Ludw. Warum hast Du's nicht augenblicklich mir gemeldet? Sie ist doch wohl verwahrt?

Ludw. Die Fürstin ist in dem Zelt, das ich ihr angewiesen: ich hab' gesorgt, daß sie würdig umgeben sei und habe ihr Wort, daß sie nicht entfliehen will.

H. Ludw. Ihr Wort? Du Thor! Dieser weiland Burggraf von Nürnberg hat mir sein Wort versiegelt gegeben und verbrieft und hat es doch gebrochen ... Nimm Du den Geier aus dem Horst, mach' ihn durch Milde zahm, er ersieht den Augenblick, hackt Dir in's Herz und flieht mit tückischem Geschrei! — Fürwahr, ein so kostbares Pfand soll nicht umsonst in meine Hand gekommen sein: drum will ich Dir die Sorge abnehmen, es zu hüten ... Hauptmann Ottlinger, begebt Euch nach des Prinzen Zelt und laßt Euch die Gefangene überliefern.

Ludw. Halt, Hauptmann!

H. Ludw. Was soll das?

Ludw. ... Daß die Fürstin meine Gefangene ist und ich gewillt bin, sie selbst zu bewahren.

H. Ludw. Deine Gefangene? Bin ich nicht der Kriegsherr? Alle Gefangenen sind mein!

Ludw. Ich rühre nicht an das Recht des Kriegsherrn — aber ich versehe mich, Ihr werdet davon keinen Gebrauch machen nnd mir die Gefangene lassen.

H. Ludw. Das werd' ich nicht ... ich will wissen und fühlen, die Tochter meines ärgsten Feindes in meiner Macht zu haben! Sie sollen inne werden, was das heißt!

Ludw. Nicht doch, mein Vater ... mir hat sie sich ergeben, ich hafte für sie und werde sie bewahren. Mehr fordert nicht, steht ab von Eurem Recht — was fürchtet Ihr ein Weib — ein wehrlos Weib?

H. Ludw. Ein wehrlos Weib? Das Weib ist es also, das Dich berückt hat? So mehr thut's noth, daß ich sie Dir entziehe und in minder schwachen Gewahrsam bringe ... Ottlinger — thut, was ich befahl ...

Ludw. Zurück Hauptmann! Vater — ich bitte drum, nehmt den Befehl zurück ...

H. Ludw. Und wenn es nicht geschieht?

Ludw. Vater ... ich gab mein Wort, die Fürstin bleibt in meinen Händen!

H. Ludw. Ludwig, besinne Dich, was du beginnst! Du gabst Dein Wort? Glaubst Du mich so zu täuschen? Dein Wort nicht ist es, was zum Widerstand Dich drängt; die Listige hat mit Schmeichelkünsten Dich berückt ... sie kannte Dich, du Thor: die Mücke ist so lang um's Licht geflattert, bis sie die Flügel sich verbrannt!

Ludw. Ich könnte sagen, das ist unwürdiger Verdacht ... ich will es nicht! Wenn es so wäre, wenn ihre Schönheit mich gerührt — sie ist ein edel Frauenbild und würdig, wollt' ich sie zur Gattin wählen!

H. Ludw. Ludwig's Sohn holt sich die Gattin nicht im Feindeslager, nicht aus der mir verhaßten Sippe!

Ludw. Ich denke nicht zu freien und weiß warum — aus Euren Worten hört' ich's, dieß Warum, wenn je ein Vergeſſen mich anwandelte — doch will ich's einſt, dann iſt die Wahl mein eigen!

H. Ludw. Ein Wille nur gilt in meinem Hauſe — Gehorche Ludwig! Gib die Fürſtin mir heraus.

Ludw. Verlangt nicht, Vater, was unmöglich iſt!

H. Ludw. Gib ſie heraus, der Kriegsherr nicht allein, der Vater fordert es von Dir. Was der Fürſt dem Befehle nicht gewähren will, das kann der Sohn dem Wunſche nicht verſagen...

Ludw. Der Sohn? Bin ich's denn je geweſen? Das Band des Vaters und des Sohn's, ſo hab' ich ſagen hören, ſei ein Band des Bluts... das Herz allein iſt's, von welchem Blut kommt und wohin es zurückſtrömt... hat Herzog Ludwig ſeinem Sohne je das Vaterherz gezeigt? Den ſtrengen Herrn nur kenn' ich und den harten Richter!

H. Ludw. Weh Dir, daß Du ausſprichſt, was nie geſagt werden ſollte — doch ſei es ſo! Vielleicht hab' ich gefehlt, vielleicht hängt das Band zwiſchen uns nur an zu ſchwachen Faſern... dann mache nicht die Trennung ärger, nicht die Kluft noch weiter... befeſtige lieber, ſtatt vollends zu zerreißen...

Ludw. Ihr ſeid es, der zerreißt, nicht ich... Ihr thut's, indem Ihr Wortbruch von mir begehrt und eigne Schmach!

H. Ludw. Du konnteſt dieſes Wort nicht geben, Du durfteſt nicht: es hat nicht Kraft, Dich zu binden oder zu entehren — gehorche!

Ludw. Mein Sinn ſagt anders: gebunden nenn' und fühl' ich mich... ich kann nicht!

H. Ludw. Ludwig... ſieh, es mag ſein — ich will's nicht widerſprechen — es mag ſein, daß ich an Liebe karg Dich hielt: dann iſts an Dir, des Unrechts mich durch Deine That zu überführen! Komm näher an mein Herz und hart an ihm ſoll künftig Deine Stelle ſein... Thuſt Du es nicht, ſo iſt der Bewohner des Nordpols mir ferner nicht, als Du!

Ludw. So muß ich bleiben, was ich bis heute war... ich will nicht!

H. Ludw. Wer nicht mit mir iſt, der iſt wider mich! Du biſt mein Sohn nicht mehr... ein Fremder biſt Du mir... ein Feind! Zum letztenmale, gib die Fürſtin mir heraus!

Ludw. Niemals! Und läge dieser mißgeschaffne Leib, den ich mir nicht gegeben... um dessentwillen mich die Welt verhöhnt, der eigne Vater mich verschmäht — läg' er im Sterben und das Wörtchen Ja, das dieser Ford'rung Antwort geben sollte, drängte sich mir mit dem letzten Seufzer, als letzte Heilesshoffnung auf die Zunge... ich spräch' es nicht! Die Zähne biß' ich zusammen, es zu zermalmen!

H. Ludw. So würge dran bis an der Zeiten Ende! Du selber rechtfertigst das dunkle Gefühl, das mich abstieß von Dir und vor der Schlange warnte!

Ottlinger. Um Gott, Ihr Fürsten, muß es dahin kommen?

Wieland. (Zu Ludwig eilend.) O Ludwig — Bruder... beuge Dich dem Vater!

Ludw. (Stößt ihn von sich.) Weg von mir — Bastard!

H. Ludw. Bastard? Wär' Deine Mutter nicht rein gewesen, wie das klare Gold... ich schleudert' es auf Dich zurück: Bastard Du selbst — unähnlich mir an Seel' und Leib!

Ludw. Unähnlich Euch? Ihr sollt erfahren, daß ich Euer Sohn bin, daß derselbe Wille, dieselbe Kraft Euch gegenübersteht...

H. Ludw. Ottlinger! — Laßt unsere Mannen sich zusammenschaaren — bis zum Morgen soll die Waffenruhe dauern; dann mag der Graf von Graisbach als unser Feind sich wahren!

Ludw. (Ausser Fassung.) Der Graf von Graisbach? Ist das mein Name? Bin ich nicht mehr Ludwig von Baiern? — Der Graf von Graisbach? Dank für dieses Wort... es wälzt vom Herzen mir die letzte Last und macht mich frei! — Wohlan denn, Herr Graf von Mortain... so messen wir die Schwerter! Die Losung aber, die bis heut' auf Eurem Banner prahlte, reißt herab — sie leuchtet jetzo von dem meinigen... Ich steh' allein, doch bei mir steht das Recht!

(Gruppe. Der Vorhang fällt.)

Dritter Aufzug.

Erster Auftritt.

(Halle im Schlosse zu Neuburg; im Grunde ein Säulengang. Seitwärts, nach vorn links ein gedeckter Tisch mit Krügen, Bechern, Schüsseln, wie nach einem beendigten kleinen Mahle. **Konrad Freiberger** in der Tracht eines fahrenden Spielmanns schleicht herein.)

Konrad. Glücklich hereingeschlüpft und ohne Verdacht — so eine Fibel ist doch ein trefflicher Geleitzettel, und der Brief hier in meiner Gürteltasche soll mir wohl weiter helfen! Es war ein günstig Ungefähr, daß ich dem Freischöffen unterwegs begegnete und ihn treuherzig zu machen wußte... dafür hab' ich ihn aller Mühe und des weiten Wanderns überhoben; draußen liegt er und wird den Mund nicht wieder aufmachen — sein Brief und Zeichen aber ist in meiner Hand! — Freilich, wundern werden sie sich über den ungewöhnlichen Boten, den die heilige Vehme schickt: besonders der gerechte Herr im Bart! — Mag er — es ist der Weltlauf: wenn eine Schale sinkt, muß die andere steigen: wer beim Vater verpönt ist, dem hofirt der Sohn! — — Der Höcker hat es satt, so vor der Veste zu liegen; er will heut unerwartet stürmen — ich soll versuchen, ein unbeachtet Pförtlein ihm zu öffnen, das ich aus früh'ren Zeiten kenne... Ich will auch einmal etwas thun für's Recht und will dem unnatürlichen Krieg zwischen Vater und Sohn ein Ende machen, will meine Rache sättigen an dem Verhaßten! — Die Tafelreste zeigen, das Frühmahl ist kaum beendet... O wenn ich ihm kredenzen dürfte... (Zieht ein Fläschchen hervor.) ... dieß Säftlein sollt' ihm gütlich thun und mir! (Sich umsehend.) Es ist noch Alles unverändert... links hier geht es auf die Wasser-Bastei und dort der Gang muß an das Pförtlein führen... (Spähend gegen den Säulengang.)

Zweiter Auftritt.

(Utz, dann Freiberger.)

Utz (an den Tisch tretend). Wir sind aus Rand und Band und aller Ordnung; da steht das Tafelzeug noch!... Richtig — wieder fast nichts berührt! Da sieht man, wie die Zeiten sich geändert, 's will nicht mehr munden bei dem Herrn! Halbvoll der Becher — sonst konnte man die Nagelprobe machen! (Freiberger kommt wieder vor.) Was gibts da? Wer ist hier?

Konrad. Schrei nicht so, Alter, — 's ist ein Bekannter und ein Freund!

Utz. Ihr seids? Nun — ein Bekannter wohl, den Freund schenk' ich Euch.

Konrad. Noch immer bös auf mich, Murrkopf? Warum doch? Bin ohnehin nicht zu beneiden, seit Dein Herr mich aus meinem Erb verjagt...

Utz. Ich mein', Eure schlechte Wirthschaft hätt's gethan...

Konrad. Ach leider ja — hab's auch genug bereut und abgebüßt: barfuß hab' ich eine Wallfahrt gemacht bis nach Loretto.

Utz. So? Wir haben ganz anders gehört. Es hieß, Ihr hättet vom Stegreif gelebt und den Wegelagerer gemacht...

Konrad (heuchlerisch). So ermüdet die Verläumdung nicht, mich anzuschwärzen!

Utz. Nun, mir gilt's gleich... macht's mit Euch selber aus, will auch nicht fragen, was Euch herführt, und wie Ihr in die Stadt gekommen — doch rathen will ich Euch, dem Herzog nicht zu begegnen.

Konrad. Ich scheu' ihn nicht, hab' ein Geschäft an ihn.

Utz. Nein, nein, hier ist kein Platz für Euch! Bringt Euer Geschäft beim Hauptmann an!

Konrad. Ich bleibe, Alter, und erwarte Deinen Herrn!

Utz. Fort, sag' ich! Vor die Thür! Hier ist nicht Platz für Euch!

Dritter Auftritt.

(Die Vorigen; **Wieland** von der Seite, reich gekleidet, in offnem Lockenhaar, in Weiß und Blau.)

Wieland. Was hast Du, Utz? Doch nicht Streit? Mit wem? — Mir ist, als hätt' ich dieß Gesicht schon geseh'n.

Konrad. O vielmals, edler Junker... vielmals habt Ihr das! Wie mich das freut, daß Ihr mich noch erkennt! Hab' Euch ja manch' Mährlein erzählt und so manches Lied vorgespielt... damals in Ingolstadt! Ihr kennt Konrad Freiberger sicherlich?

Wieland. Ihr seids? Was führt Euch hieher? Hieß es doch, Ihr hättet Euch dem Brandenburger verdingt —

Konrad. Auf kurze Zeit nur, edler Junker. Es ward just geworben zu einer Preußenfahrt... da ging ich eben mit, doch war's nicht auszuhalten vor Schererei und Mühsal — nichts als Kampf und Wunden und schlechte schmale Bissen. Da lief ich wieder heim, wo mich im schlimmsten Fall... Ihr wißt es wohl, wie's Euer Vater mir gerathen — der Fidelbogen nährt.

Wieland. Wie aber kommt Ihr in die Stadt? Wie durch meines Bruders und seiner Bundesgenossen Lager?

Konrad. Man lernt es wohl, sich leise durchzuschleichen... wer achtet auch auf einen schlechten Fidler! (Zeigt den Brief.) Ich hab' eine geheime Botschaft an den Herzog.

Wieland (ihn betrachtend). Seid Ihr der Mann, dem man Geheimes vertrauen kann? — Wann wollt Ihr wieder fort?

Konrad. Noch heut'; sobald mein Werk in dieser Burg gethan.

Wieland. Ich hab' Euch vielfach schelten hören... Wenn ich der hübschen Weisen denke, die Ihr mir gesungen, kann ich nicht glauben, daß Ihr so gar argen Sinnes seid! Ich möcht' es fast mit Euch wagen... möcht' Euch eine Botschaft aufgeben an Bruder Ludwig...

Konrad. Gebt mir Geleit' und ich bin Euer Bote!

Wieland. Ihr sollt es haben... (Zu Utz.) Winke mir nicht ab, ich will es so: ich kann im Feinde den Bruder nicht vergessen.

Uз. Der Herzog wird schwer zürnen, wenn er's inne wird.

Wieland. Ich wag's darauf und folge meinem Herzen. Fragt bei mir an, eh' Ihr Urlaub nehmt. Ihr sollt ein Schreiben haben an meinen Bruder...

Vierter Auftritt.

(Die Vorigen; Herzog Ludwig; Hauptmann Ottlinger und einige Ritter; Wieland eilt dem Vater entgegen; Freiberger und Uß treten bei Seite; Ludwig setzt sich an den Tisch rechts, auf welchem Schriften liegen.)

H. Ludw. Erzählt nicht weiter, Ottlinger — ich will Euch das Ende Eures Mährleins voraussagen... die niederbairischen Ritter fallen von mir ab!

Ottling. Sie haben es bereits gethan, gnädigster Herr! Sie haben in der Nacht das ihnen anvertraute Vorwerk verlassen... eh' wir's gewahren konnten, war's vom Feind besetzt! —

H. Ludw. Ich war schon längst gefaßt darauf, ich hab' es längst herausgelesen aus ihren scheuen Mienen, heimlichen Blicken und halben Worten. Ich weiß auch, wie es kam; Heinrich wird ihnen das Einzige, womit er nicht geizt, gegeben haben — seine Versprechungen: der Kaiser hat gemahnt, gebettelt und gedroht... Da machen sie eben ihren Frieden und kümmern sich nicht darum, daß nur sie es waren, für die ich eigentlich den ganzen Krieg begann! Sie gehen mit dem Glück und das ist nicht mit mir gewesen bis heute — man muß sich dran gewöhnen, immer einsamer zu werden!

Wieland. ...Mein theurer Vater...

H. Ludw. Mein geliebter schöner Knabe! Ich thue Unrecht, von Einsam-Sein zu reden, — Du bist die liebliche Gesellschaft meines Leids, eine letzte Blüte noch am Baume meines Lebens... Ich bin nicht einsam! Ich habe Dich, und wer sich bewußt ist, daß er das Rechte will und that, der kann verlassen sein, doch nie allein! — Wie ist's? Noch immer keine Nachricht von meinem Kanzler Vienzenauer?

Uß. Keine, Gnädigster Herr, — doch ist hier ein anderer Mann, der vorgibt, er hab' Euch eine Botschaft zu bringen...

H. Ludw. ... Freiberger? Seh' ich recht? Ihr erdreistet Euch, mir vor's Angesicht zu kommen? An die Thurmzinne mit dem Kundschafter!

Konrad. ... Ich dächte doch, ein so gerechter Richter hört, bevor er urtheilt!

H. Ludw. Wie immer — frech! Was habt Ihr mir zu sagen?

Konrad. Ich? Nichts! Mich lockt es wahrlich nicht zu reden, wo mein Wort schon einmal so schlimme Herberg' fand — ich red' als Bote nur, für Andre. Auf meiner Wanderfahrt... Ihr seht, Gnädigster Herr, ich bin Eurem Rathe gefolgt und habe den Fidelbogen in's Wehrgehäng gesteckt... auf meiner Fahrt zu den Preußen lernte mich Herr Benno Dücker kennen, der wackre Stuhlherr der Vehme zu Dortmund und da er hörte, daß ich eben heimwärts zog, hielt er mich für werth, der Träger dieses Schreibens zu sein...

H. Ludw. (indem er nimmt und erbricht). Botschaft der heiligen Vehme? Und durch Euch? — Doch warum nicht? Die Natur hat angefangen, sich zu verkehren: warum soll nicht auch einmal reines Wasser quellen aus dem Sumpf!

Konrad (für sich). Du sollst versinken und ersticken in dem Sumpf!

H. Ludw. (lesend). Ah — endlich ein frischer Lufthauch in der Schwüle! So war mir damals, als ich im gelobten Land durch dürren Sand und ödes Gestein mich matt gepilgert und endlich von der letzten Höhe Jerusalem, die heilige Stadt im Morgenschein, im Grün der Palmen vor mir liegen sah! — Freut Euch Freunde, noch ist alle Hoffnung nicht verloren: auf einem Fleckchen rother Erde steh'n noch die Grundmauern vom Bau des Rechts, den Fürsten und Kaiser verfallen ließen... Ihr wißt, weil man mir mein gutes Recht verkümmert, hab' ich meine Klage gegen Herzog Heinrich vor den geheimen Schöffenstuhl der Vehme gebracht... Hört' ihren Spruch! Verurtheilt ist der Herzog und verveЬmt — „Aus der rechten Zahl in die unrechte geworfen auf ewig; rechtlos, friedlos, ehrlos — gewiesen von den vier Elementen, die Gott den Menschen zum Trost geschaffen..." Macht es kund — es gibt ein Recht noch in den deutschen Landen!

Konrad (für sich). Er spricht von Recht und Rache denkt er — ich aber bin ein Schuft!

H. Ludw. Der Sänger taugt nicht, doch von dem Lied, das er gesungen, ist mir das Herz erquickt! Man reich' ihm guten Lohn, doch wenn er ausgeruht, soll er fort — ich mag nicht unter Einem Dache sein mit ihm!

Konrad. Ich gehe, Herr Herzog — Ein Dach müßt Ihr doch wider Willen mit mir theilen, jetzt den Himmel über uns und wer weiß, wie bald das finst're Dach, das uns doch Alle decken wird — die Erde! (Ab mit dem Diener.)

Fünfter Auftritt.
(Die Vorigen; Warmund Pienzenauer.)

Ritter (meldet). Seiner Durchlaucht Exkanzler, Doktor Warmund Pienzenauer ...

H. Ludw. (ihm entgegen). Willkommen, alter Freund ... Ist's denn so lange her, seit Ihr Euch in die Ruh' begeben auf Euern Hochsitz an der Mangfall, daß Ihr zu mir nicht mehr geradezu hereinkommt, wie sonst? Doch Ihr seid da und seid's im guten Augenblick und macht vergessen, daß Ihr mich warten ließt.

Pienzenauer. Nicht eine Minute länger, gnädigster Herr, als meine Jahre und der weite Weg unerbittlich abhandelten an meiner Eile, Euch zu dienen. Die frohe Stimmung, die ich in Eurem Antlitz lese, läßt auf frohen Anlaß schließen ...

H. Ludw. Den Anlaß hab' ich auch — die Behme hat sich vor Macht und Rang und Anseh'n nicht gescheut, hat Herzog Heinrich vor ihren Stuhl geladen und weil er ausblieb, ihn verwehmt ... Ihr seht, es *gibt* ein Recht noch in den deutschen Landen!

Pienz. Das Recht ist nichts, wenn der Vollstrecker fehlt.

H. Ludw. Wie meint Ihr das?

Pienz. Gebe Gott, gnädigster Herr, daß es kein Omen sei, wenn ich bei meinem Eintritt Euch die frohe Stimmung stören muß, weil ich den Anlaß nicht gelten lassen kann, auf dem sie ruht. Das Reich der Behme ist aus — ihr Spruch ein todtes Wort, das keinen Arm mehr findet! Euch ist bekannt, auch der wackre Kaspar Torringer hat schon vor Euch am Schöffenstuhl geklagt: der gleiche Spruch erging für ihn wie jetzt für Euch und dennoch...

H. Ludw. Dennoch?

Pienz. In Hüll' und Fülle, im besten Wohlsein lebt der Verfehmte — der Kläger aber ist verschwunden... verschollen auf einmal ganz und gar: es ist kein Zweifel, der Stahl des Freischöffen hat sich für ihn in eines Meuchlers Dolch verwandelt!

H. Ludw. (ergriffen). Der Torringer tobt? Ja ja — das ist ein Fingerzeig, der nicht zu mißdeuten ist! Thor, heißblütiger Thor, der ich bin, und stets das Draußen nach meinem Innern messe... Ich weiß es ja, Verrath und Arglist sind die Herrn des Hauses, der lästige Bettler Recht wird von der Thür gejagt: — ich weiß es ja — das ganze Recht ist in das Schwert gefahren! Doch gut, gut, Pienzenauer,... zu unserm Geschäft! Ihr wißt, Sigmund ist todt, Friedrich von Steyermark ist auf den Kaiserthron gestiegen: er hat ein Friedgebot erlassen und verlangt, es soll noch ein Versuch zum gütigen Ausgleich gemacht werden, zwischen mir und meinem... zwischen dem Grafen von Graisbach und mir! Ich weiß, es ist nur eine Finte, die Sache hinzuzieh'n, ein Vorwand, sich den guten Schein zu wahren... Doch soll's nicht wieder heißen, ich sei allein der Widerspänstige — drum geht hin, Pienzenauer, gleicht aus und unterhandelt: Ihr habt mir schon manch' verwickeltes Geschäft geschlichtet — gelingt Euch das, seid Ihr der Meister Eures Handwerks!

Pienz. Mein herzoglicher Herr — Ihr habt mir in den langen Jahren meiner Dienste manche Gnade erzeigt: das aber ist die größte Huld, die ich erlange: der schönste Lohn, den ich je hoffen durfte! Ich gehe — und meinen Kopf geb' ich zum Pfand, ich will die Zunge so regieren, daß ihr der starrste Sinn nicht widersteht!... O Gott — mein Gott, wenn ich's voraus mir denke! Wenn diese alten Augen noch den Tag erblicken dürften, an dem die Eintracht wieder einzieht in dieß Haus... wenn diesen schwachen Händen die letzte That vergönnt wäre, Sohn und Tochter Euch an's Herz zu führen!

H. Ludw. Die Tochter? Wer ist mit diesem Räthsel gemeint?

Pienz. Wer sonst, als Eures Sohnes — Herzog Ludwigs Ehgemahl?

H. Ludw. (in immer steigender Erregung). Sein Ehgemahl? Er wär' ... vermählt? ..

Pienz. Das wißt Ihr nicht?

H. Ludw. Nichts weiß ich, nichts! Wie der Bär in seiner Höhle lieg' ich hier eingeschlossen ... was bränge zu mir herein! Vermählt ... sagtet Ihr so? Mit wem?

Pienz. Seit wenig Wochen — mit Margarethe von Brandenburg.

Wieland (für sich). Ich hab's geahnt!

H. Ludw. Mit ... Sagt's noch einmal ... ich hab' Euch wohl nicht recht verstanden ...

Pienz. Mit Margarethe von Brandenburg; zu Nürnberg, in der Burgkapelle ward sie ihm angetraut.

H. Ludw. Ihm angetraut? Die Tochter meines Todfeinds? — Alter Mann, bedenkst Du's auch, daß zu Deinem grauen Haar die Lüge so wenig steh'n will als der Scherz?

Pienz. Nicht Scherz noch Lüge war, was ich gesagt.

H. Ludw. Wahr also, wahr ... (Will furchtbar losbrechen, bezwingt sich aber gewaltsam.) Warum auch nicht? ... Weil's mich umweht, wie kalter Hauch des Todes? Hab' ich doch sagen hören und erfuhr' es nun, die unverhüllte Wahrheit ist ein Medusenhaupt, und wer sie plötzlich anblickt, der versteinert! (Macht einen Gang durch den Saal; dann mit eisiger Ruhe.) Kanzler Pienzenauer — Ihr geht nicht ab, wir haben uns anders besonnen! Feldhauptmann Ottlinger ... laßt alle Mannschaft unter Waffen treten. Im Schloßhof stellt sie auf, alle meine Getreuen sollen sich dort versammeln ... Die Schützen auf die Wälle zu den Stücken! Die Zinkenbläser auf den Thurm!

Pienz. Und ist es einem erprobten Freund erlaubt zu fragen ...

H. Ludw. Wie sollten meine Treuen nicht erfahren, was ich festlich und feierlich vor aller Welt verkünden will! — Ich bin gesonnen, für mein Haus zu sorgen, für mein Land, und auf den alten Stamm ein neues Edelreis pfropfen! Den ich einst Sohn genannt, war lang schon todt für mich — in dieser Stunde hab' ich ihn begraben: das Land aber soll darum nicht verwaist sein... (Führt Wieland an der Hand vor.) Seht, Baiern — hier steht Euer künftiger Herzog! (Große Bewegung.)

Pienz. Gnädigster Herr...

Wieland (ihn umschlingend). ... Vater!

H. Ludw. Staunt nicht und Niemand wage ein Wort des Widerspruchs! Geht! In einer Stunde erwarten wir Alle im Schloßhof zur Verkündung und zur Huldigung — Ihr, Kanzler, fertigt Brief und Siegel darüber aus.

Pienz. Gnädigster Herr... ich staune nicht: ich finde, was Ihr sagt, begreiflich — menschlich, väterlich... doch fürstlich nicht und nicht dem Mann geziemend, der das Recht zur Losung seines Lebens gemacht! Ich danke Gott, daß ich in diesem Augenblick hier stehe und wenn Ihr's auch nicht wollt — ich widersprech' Euch doch und sage... das könnt' Ihr nicht!

H. Ludw. Ich könnte nicht? Wer wagt' es, mich zu hindern?

Pienz. Ihr selbst!... Ihr könnt nicht, weil Ihr nicht dürft — weil der Beschützer des Rechts nicht selbst am Rechte freveln darf! Unendlich, jammervoll würde das Geschick der Länder und Völker sich immer neu verwirren, wär' es nicht weislich festgeknüpft an seiner Herrscher hochragende Geschlechter, die Bergen gleich Namen und Loos der Landschaft um sich her bestimmen. Das Gesetz der Fürsten ist ein Heiligthum, in dem das Wohl der Völker als Geschmeide ruht — rührt nicht daran! Die Satzung, mit der Menschheit selbst herangewachsen, ist wie ein schöner Baum, der seine Kraft aus unsichtbaren vielverzweigten Wurzeln holt... rührt nicht daran — der Streich, der in die Wurzeln bringt, er trifft den Baum...! Die stärksten Banden und die feinsten Fasern, die alles Leben fassen und verbinden, hier laufen sie in Ein geheimnißvolles Gewebe zusammen... rührt nicht daran, in der gedeihlichen Verknüpfung liegt das Heil, wie auf dem Gewebe unsrer Adern die Kraft und die Gesundheit ruht — Ein heiliger Knoten verbindet Alles hier... rührt nicht daran! Er ist nicht aufzulösen!

H. Ludw. Für solch' Beginnen wär' auch meine Hand zu plump — kennt Ihr den großen Kaiser, der auch vor einem solchen Knoten stand? Er hieb ihn durch — der soll mein Vorbild sein! Schweigen gebiet' ich Allen! — Im Morgenland

hört' ich erzählen, wie manchmal mitten aus dem hohen Meer, wo gestern noch nichts war, als Luft und Wasser, über Nacht ein Inselberg emporsteigt... die verdrängte Flut will den alten Raum zurückerobern, prallt streitend an den Felsen an und stürzt machtlos zurück... Bemüht Euch nicht, Euer Wort ist wie jene Brandung — fest wie der Inselberg steht mein Entschluß... Ottlinger, vollzieht, was ich befahl; Ihr, Pienzenauer, macht die Urkunde bereit!

Pienz. Nein, gnädigster Herr, das werd' ich nicht! Ich bin zu alt dazu und ungewohnt! Was hier geschieht, ist nicht nach meinem Sinn, der greisenhaft am Alten hängt — für Neues ist mir Kopf und Hand zu starr!

H. Ludw. Das ist es, alter Mann — Du sprichst es aus! Ich habe mein Schwert aus der Scheide gezogen für's Recht und schwing' es noch dafür — doch ist's ein neues, ein geläutert Recht! Das alte Gebäude ist morsch geworden: Verrath, Verdrehung und Falschheit haben seine Säulen wankend gemacht — es thut Noth, daß man ihm neue gibt — und was ich beginne, soll die Erste sein! (Alle ab.)

Sechster Auftritt.
(Herzog Ludwig, Wieland.)

Wieland. Wir sind allein — Vater, jetzt höre mich! Sie Alle konntest Du von Dir weisen: so treu sie Dir auch ergeben sind, Sie sind nur Deine Edlen und Vasallen — mich hast Du Deinen Liebling stets genannt, ich hab' ein Vorrecht und ich mach' es geltend: mich, Vater, mußt Du hören!

H. Ludw. So sprich — ich höre!

Wieland. Die Gewährung klingt so frostig, daß ich nun zage und fast irre bin, was ich Dich hören lassen soll! Die Andern, Vater, haben Dir Gründe angegeben für ihre Meinung — die hab' ich nicht, ich habe nur mein Herz und nur zu Deinem Herzen kann ich reden!

H. Ludw. Was hast Du mir zu sagen, lieber Sohn?

Wieland. Nichts — als daß Du mich bleiben lassen sollst, was Du mich nennst: laß Deinen Sohn mich bleiben!

H. Ludw. Du bist mir's in des Wortes schönstem Sinn und sollst es mir im vollsten Sinne werden: drum geb' ich Dir das volle Sohnesrecht!

Wieland. Ein grausam Recht, denn es beraubt den Bruder!

H. Ludw. Den Bruder, der drauf sinnt, den Vater Dir zu rauben!

Wieland. Er ist der Beß're, so will's das Gesetz!

H. Ludw. Ein schlecht Gesetz, das ihn zum Bessern macht! — Wie? Ist das mein kühner Knabe, dessen Wange bei manchem Märchen glühte, dessen Auge ich bei jeder Rittersage blitzen sah? Nun ist's nicht Sage oder Märlein, Knabe — in Wirklichkeit winkt eine Krone Dir!

Wieland. Laß mich's bekennen, Vater... vielleicht klingt Dir nicht lieblich, was ich sage; doch ich will nicht anders gelten, als ich bin! Ja, es ist wahr — ich habe oft geträumt von kühnen Ritterzügen, von heitern Sängerfahrten, von schöner Frauen minniglicher Gunst, die sich dem Sänger und dem Ritter neigt! Nach einer Krone von Lorbeer, Vater — von Rosen oder Myrten hab' ich mich wohl gesehnt; die kalte gold'ne Fürstenkrone war meinen Träumen fern!

H. Ludw. Du kennest nicht, was Du verschmähen willst, kennst nicht das Hochgefühl, zu herrschen... Trag' erst die Krone und Du bist mit ihr versöhnt!

Wieland. O — kröne mich mit Deiner Liebe nur...

H. Ludw. Du kröne meine Liebe und gehorche!

Wieland. Thu's nicht, thu's nicht... Sieh, diese ungewohnte Last drückt meine Stirne wund — sie wird mich erdrücken, Vater!

H. Ludw. Nein, stählen wird sie Dich! Wie? Blut von meinem Blute fließt in Dir — Du fühltest nicht Schauer der Wonne Dich durchrieseln, wenn sich die Krone auf Deinen Scheitel senkt?

Wieland. Ich fühle diese Schauer... aber nicht des Glücks, nein, einer bangen unheilvollen Ahnung... (Knieend:) O Vater, laß mich bleiben, wie ich bin!

H. Ludw. So muß ich's glauben? Du auch willst mir widerstreben?

Wieland. Nein — Dir gehorchen will ich: Dir zu gehorchen ist mein Glück, mein Stolz und meine Freude!

H. Ludw. So kniee nicht! Erhebe Dich, sei meiner werth und vollführe, was ich Dir übertrage...

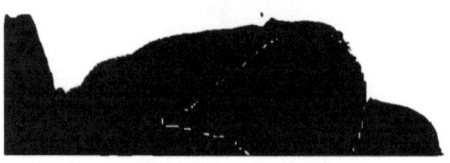

Wieland. Nun... so gebiete über mich! Kein Wort mehr, Vater — schick' mich in den Tod, ich geh' ihm als Dein Sohn entgegen!

Siebenter Auftritt.

(Die Vorigen; Hauptmann Ottlinger in Eile.)

H. Ludw. Nun, Ottlinger, ist Alles vorbereitet?

Ottlinger. Es ist — doch werdet Ihr die Feier wohl verschieben müssen.

H. Ludwig. Weßhalb?

Ottlinger. Schon lange ließ sich verdächtige Bewegung im Feindeslager spüren — ich stellte Späher aus: jetzt ist kein Zweifel mehr, sie rüsten sich zum Sturm.

H. Ludw. Unmöglich! Traf nicht das Friedgebot des Kaisers erst vor wenig Tagen ein?

Ottlinger. Es ist, gnädigster Herr! Hört Ihr? Die Stücke krachen und überheben mich der Betheurung!

(Schießen und Trompeten hinter der Bühne.)

H. Ludw. Gut denn, die Friedensbrecher sollen ihren Willen haben, wenn sie nach blut'gen Köpfen lüstet! Auf, mein Sohn und rüste Dich! Sie wollen Dich zwingen, noch einmal um den Preis zu kämpfen; — bewähre Dich, an Deines Schwertes Spitze schwebt der Herzogshut!

(Ab mit Ottlinger; Wieland zur andern Seite.)

Achter Auftritt.

(Kriegsgetümmel hinter der Scene. — Nach einer Weile schleicht Konrad Freiberger herein.)

Ha — wie das tobt und schmettert... sie sind schon tüchtig aneinander! Ich denke, sie sollen das Pförtlein nützen zur rechten Zeit!... Und wenn nicht? Wenn sie nicht einzubringen vermöchten? Wenn der Alte dennoch siegte und machte die große Neuigkeit wahr, die alle Köpfe verdreht?... Er soll nicht! Wüßt' ich nur, wie ich mit Einem Zug meine Rache satt machen und ihm den Fibelbogen heimzahlen könnte!... Dieser Fant — des Bärtigen unächter Sohn als Herzog in Baiern erklärt und anerkannt? Ha — wer das zu hintertreiben vermöchte — der Höcker müßt' ihn vergolden von der Zehe bis zur Haarspitze... Da kommt er!

Neunter Auftritt.
(Freiberger; Wieland leicht gerüstet.)

Wieland. Ihr noch hier? Das ist erwünscht. Mein Bruder läßt mir nicht Zeit, Euch die Botschaft an ihn schriftlich mitzugeben... wollt Ihr ihm mündlich treu berichten?

Konrad. Ich gelob' es Euch!... (bei Seite) Wenn ich an ihn könnte, an den Augapfel des Alten... es wär' ein Meisterstreich...

Wieland. Was murmelt Ihr?

Konrad. Ich stelle mir eben vor, wie meine Botschaft Euren Bruder überraschen wird! Er glaubt nicht an Eure gute Gesinnung gegen ihn... und wenn er nun vollends erfährt... (Abbrechend.) Er war beim Mahle, wie ich durch's Lager kam. Du wirst sie sehen, die mich hassen, rief er mir zu und hob den Becher an den Mund... ich weiß, sie wünschen Alle, daß ich Gift trinken soll in jedem Tropfen Weins!

Wieland. Abscheulich! So kann Ludwig mich verkennen? Hab' ich ihm nicht stets gezeigt und bewiesen, wie ich ihn liebe? Sagt ihm, mein Sinn sei unverändert — ich kann dem Willen des Vaters nicht widerstreben; doch nach der Krone geiz' ich nicht und setzt man sie mir auf's Haupt, will ich sie brüderlich bewahren als ein anvertrautes Pfand und treu bereinst dem Eigner wiedergeben! Das sagt ihm!

Konrad. Wohl — ein Sprachrohr ist nicht treuer!

Wieland. Ich weiß nicht, wie dieser Kampf noch enden mag — vielleicht hat mich das Todesloos ereilt, eh' ich durch Thaten meinen Sinn bewähren kann; dann soll er mindestens nicht mehr an mir zweifeln und mir bezeugen, daß ich ihn geliebt! Den Becher, sagst Du, hob er auf, und trank's der Lüge zu?.. Wie Er, faß' ich den Becher auch... (Will an den Schenktisch; Konrad tritt in den Weg).

Konrad. Nicht doch, was wollt Ihr, Herr? Das will sich für den Prinzen nicht geziemen, laßt mir das Schenken-Amt... (Füllt aus einer Kanne einen Becher. Für sich:) Sein Schutzgeist selber liefert ihn mir aus... (gießt das Fläschchen hinein und reicht ihm den Becher).

Wieland. Berlünde Ludwig, was Du sahst! Wie Er, faß' ich den Becher jetzt und bring' ihn, schon im Voraus ebenbürtig, dem Bruder zu! Wie ich den Becher hebe, so hebe Gott ihn hoch, zu jedem Heil, das ich ihm gönne — brüderlich! Aus diesem Trunk soll Allen Friede fließen und Versöhnung. Verkünde das und nun hinaus zum Kampf! Weiß ich ahnend auch vorher, ich werde nie die Krone tragen, die der Vater mir auf's Haupt drücken will... doch zeigen will ich, daß Hand, Herz und Haupt der Krone würdig war! (Ab.)

Konrad (blickt ihm nach.) Was schaudert's mich?... Den Todfeind traf ich an der Stelle, wo er am Schmerzlichsten verwundbar ist... recht mitten in die Seele... und ich schaudre nun? Will mir das Herz den Possen spielen, noch einmal sich regen? — Hinab damit — zwei Herren dient sich's schlecht... Ich schaudre nicht! Mein Gebieter ist die Rache und ich hab' ihm treu gedient! (Ab).

Zehnter Auftritt.

(Der Schlachtlärm und die kriegerische Musik, welche zeitweise in der Entfernung hörbar wurde, kommt näher. Ottlinger mit einer Anzahl Büchsenschützen stürmt herein. Später Herzog Ludwig mit Rittern.)

Ottlinger. Dorthin, an's Fenster! Sie sind schon in der Stadt! Legt sicher auf und fasset Euren Mann!

Soldat. Ist's möglich denn! Da ist Verrath im Spiele!

Ottlinger. Das sag' ich auch! Dort bringen sie heran... werft sie hinunter! Feuer auf die Schurken!

H. Ludw. Haltet ein — laßt zum Rückzug blasen, Ottlinger — ich will meine Treuen nicht vergeblich opfern... Die Stadt ist nicht mehr zu halten... wir weichen vor der Uebermacht! (Signal.)

Ottlinger. Nein, Herr, es ist Verrath, — sie kamen uns in Rücken! Die Stadt war fest, ich fürchte, daß ein Einverständniß mit den Bürgern...

H. Ludw. Nichts davon, meine Bürger sind mir treu! — Seht auf den Werken nach; wir haben Vorrath genug, das Schloß zu halten und wollen sie ganz in die Höhle bringen, sollen sie des Bären Tatzen wohl noch fühlen! (Geschrei). Was will das Rufen... Gilt es neuen Sturm?

Ottlinger. So fürcht' ich fast — ich will nach Kundschaft senden...

Wieland. (Hinter der Bühne.) Verrath, Verrath mein Vater... wehe mir!

H. Ludw. Um Gott — ist das nicht Wielands Stimme...

Ottlinger. Sie ist's, da kommt er selbst...

Eilfter Auftritt.

(Die Vorigen, **Wieland** ohne Helm, todtenblaß, wankt auf sein Schwert gestützt herein.)

Wieland. Verrätherei! Schließt die Thore, Vater! An die Mauern! Auf!

H. Ludw. Was ist gescheh'n? Mein Kind, Du bist verwundet?

Wieland. Verwundet nicht... und doch so krank, mein Vater,... Ich weiß nicht, was mich plötzlich überkam... der Becher dort... ich trank aus jenem Becher... (Er sinkt, Herzog Ludwig fängt ihn in den Armen auf.)

H. Ludw. Der Becher? Herr und Heiland... seht nach dem Inhalt... ruft die Aerzte her...

Ottlinger (den Becher betrachtend). Mit Wein noch halb gefüllt... ein dunkler Bodensatz am Grund...

H. Ludw. Oh — oh, was für ein Argwohn steigt in mir auf! Gift, es ist Gift.... War nicht Freiberger hier? Mir war der Schlag vermeint und streckt den Liebling meiner Seele nieder!

Wieland. Klag' nicht so sehr um mich, mein Vater! Denk' auf Dich — Verrath... Durch ein unbeachtet Thörlein sind sie eingedrungen... Hörst Du, sie nahen schon...

H. Ludw. Ich höre nichts als Deinen Jammerton... nichts seh' ich, als dieß heißgeliebte Auge, das sich zum Tode senkt!

Wieland. Zum Tode... ich fühle, daß er naht... O meine Ahnung!

H. Ludw. Stirb' nicht, mein Sohn... mein theures Kind, verlaß mich nicht! Du bist so jung... nimm Deine Kraft zusammen, viel kann der Wille und die Jugendkraft... mit Dir stirbt Alles, was ich liebe, hin!

Wieland (schwächer und immer mehr sinkend). Nicht Alles, Vater,... Du hast noch einen Sohn... laß mit meinem Grabe ſich auch die Kluft der Zwietracht ſchließen... Reicht Euch die Hände über mir...

H. Ludw. Er ſtirbt, er ſtirbt... o Herr und Heiland hilf... (Zum Arzte, der herzugetreten und die Hände vor den Augen ſich abwendet.) Bleibt, geht nicht ſo — es muß ein Mittel geben, das dieſes ſüße Leben nicht entfliehen läßt!

Wieland (ſterbend). Verſöhnung...

H. Ludw. (aufſpringend). Verſöhnung? Ihm, der vielleicht den Mörder ausgeſandt? Der dieſes theure ſchöne Leben brach? Niemals auf dieſer Welt und find ich dort ihn wieder, will ich vor Gott ihn ſchleppen und dieſen Todten von ihm fordern...

Ottlinger. Sie bringen ein — Auf, Herr Herzog, Alles ſteht auf dem Spiel...

H. Ludw. Steht auf dem Spiel? — Nein, Alles iſt verloren...

Ottlinger. Ermannt Euch — noch iſt es möglich, durch den unterirdiſchen Gang zu entrinnen...

H. Ludw. Ich kann nicht weg von dem geliebten Staub... mein Herz hängt hier mit allen ſeinen Wurzeln...

Ottlinger. Da ſind ſie ſchon... zu ſpät!

(Der Hintergrund füllt ſich mit Bewaffneten).

Ritter (vortretend). Im Namen meines Gebieters, des Herzogs Ludwig von Baiern-Ingolſtadt... Ihr ſeid mein Gefangener... Euer Schwert.

H. Ludw. (Iſt niedergekniet und hat Wieland an die Bruſt genommen.) Nichts hab' ich mehr, was einen Schwertſtreich lohnte... was ſoll mir noch das Schwert? Hier iſt der nutzloſe Stahl!... O Wieland, Wieland... mein geliebtes Kind!... (Beugt ſich über ihn).

(Gruppe. Der Vorhang fällt.)

Vierter Aufzug.

(Hohes düsteres Gefängniß im Schloße zu Burghausen.)

Erster Auftritt.

(An einem Tische sitzt H. Ludwig in unscheinbarer Kleidung, sichtbar gealtert. Nebenan in einer erhöhten Fensterbrüstung sitzt **Margarethe von Brandenburg**, in einfacher Tracht und liest aus einem Hefte vor):

Marg. Des Himmels Höh'n
Entfärben sich
Durch Tages Drang:
Die Vöglein schön
Erwecken mich
Mit süßem Klang!
Verschwunden ist der Schnee:
Laub, Gras und Klee
Wonniglich entspringen —
Deß will ich von Herzen
Ohne Schmerzen
Meiner Frauen singen...

H. Ludw. Genug, genug... Ihr seid grausam, edle Frau, vom schönen Maien zu singen und zu sagen, den der Gefangene doch nicht schauen kann. Von welchem Meister ist das Lied?

Marg. Von dem Minnesänger Oswald von Wollenstein.

H. Ludw. Dacht' ich's doch, es hat so seine Weise... Ich kannt' ihn einst, ich habe ihn auf seinen Zügen am Rhein getroffen und frohe schöne Tage mit ihm verlebt.. Das Lied muß auch aus jener Zeit stammen, aus unsrer Jugend... jetzt ist er wohl auch alt und grau und mild, wie ich, — jetzt wird er von seiner steilen Trostburg niederschauen und den wilden Eisack, der vorüber braust, beneiden und der Tage denken, da er noch nicht an die Stelle gebannt war... Ein trauriger Behelf!

Marg. Warum doch, edler Herr? Mich will bedünken, Erinnerung ist ein lieber Trost. Ich denk' es mir schön und eines Mannes würdig, auf ein thatenreiches Leben zurückzublicken, wie auf ein schönes Land, das man durchwandert hat, und in Gedanken alle Burgen und Städte noch einmal zu durchschreiten, alle Höhen und Ströme noch einmal zu überschauen!

H. Ludw. Und die Ruinen auch — und manche wüste Stelle, die man vergeblich wegwünscht aus dem Bilde...

Marg. Auch auf sie... Eine Thräne ist dann des männlichen Auges nicht unwürdig — sie befeuchtet die öde Stelle, daß sich versöhnend der Rasen drüber schließt.

H. Ludw. Ihr habt immer Recht, edle Frau. Es ist mein Schicksal, den Kürzern gegen Euch zu zieh'n und ich thu' es gern; denn wenn ich störrisch wäre, verscheucht' ich Euch; Ihr kämt nicht mehr, mich zu besuchen, — ich wäre wieder ganz allein.

Marg. So bin ich Euch, wie die Spinne oder Maus, die ein Gefangener sich in der Langweile des Kerkers zähmt.

H. Ludw. (sie betrachtend). Der Ritter von Aham ist Euer Gemahl, sagt Ihr? Er ist der Vogt dieses Schlosses? Daß ich mich des Aham nicht entsinnen kann! — Und auch mit Euch geht's mir ganz sonderbar. Oft, wenn ich Euch rasch ansehe, wandelt mich etwas an, wie eine feindsel'ge Erinnerung: wenn Ihr aber dann das sanfte Auge aufhebt und mich anschaut, so, wie Ihr es könnt.. dann begreif ich den Groll und mich selbst nicht mehr und bin aufs Neue in Euren Banden!

Marg. (beklommen). Vielleicht eine Aehnlichkeit, wie oft im Leben...

H. Ludw. Es muß so sein! Der Aham ist ein glücklicher Mensch, da ihm solche Frau geworden... Ihr habt eine Stimme und einen Blick, die das Feuer bannen und den Sturm besprechen könnten.

Marg. Ihr schmeichelt — hab' ich doch noch nichts von Euch erbitten können...

H. Ludw. O Alles, Alles — bittet, fordert nur!

Marg. Versprecht nicht zu rasch... Wenn ich nun bäte, — Versöhnt Euch mit Eurem Sohne Ludwig?

H. Ludw. Was redet Ihr? — Ich habe keinen Sohn.

Marg. Im Groll sagt Ihr so — auch er hat den Vater einst verschmäht! Jetzt denkt er anders.. er liegt arg darnieder.

H. Ludw. Krank?...

Marg. Ein unheilbar Leiden haust in seiner siechen Brust, seine Tage geh'n vielleicht bald zu Ende — Reue und Sehnsucht zehren daran...

H. Ludw. (erschüttert). Krank! Dem Tode nah! — Es geht schnell zur Rüste mit meinem Geschlecht... bald ist nur der dürre Stamm noch übrig... bald bin ich ganz allein!...

Marg. Und soll Euch in die Einsamkeit nicht mindestens Ein Trost geleiten — die Erinnerung an versöhnte Herzen? — Erleichtert das Gemüth eines Sterbenden — und das Eure mit... Die Hand auf die Brust, Herzog Ludwig... Habt Ihr so gar nichts zu sühnen gegen ihn?

H. Ludw. Nichts! Ich hab das Bitterste durch ihn erduldet, denn ich verlor, was mir das Liebste war.. und läge die Schuld gleich Bergen über mir... sie wär' gesühnt!

Marg. Sie ist es nicht, so lange dieser Groll im Grunde Eurer Seele haust... die Pflanze welkt, wenn ihr der Wurm an der Wurzel nagt. (Gewinnend) Erlaubt Ihr mir, den Sohn zu rufen?

H. Ludw. Nein, nein!

Marg. Laßt ihn wenigstens ahnen, wie nicht alle Hoffnung ihm benommen ist...

H. Ludw. Nein, ewig nein! Eine Kluft liegt zwischen uns, die keine Reue ausfüllt, keine Sehnsucht überbrückt! — Nein, keine Hoffnung für den unnatürlichen Sohn! Er hat mich bekriegt, in den Kerker geworfen, und, als alle Welt entrüstet und in lauter Empörung aufschrie über den entarteten Sohn, da krönte er sein Werk und hat wie eine Waare mich verkauft, verhandelt an den Landshuter Heinrich, meinen ärgsten Todfeind!

Marg. Er that's, vom Augenblick verleitet, betrogen, überlistet von Heinrich! Diese That, in unsel'ger Stunde vollbracht, ist es, die an seiner Seele nagt, — sie hat ihn siech gemacht, sie überliefert ihn dem Tode. — Doch wenn er nun bereuend käme? Wenn er gut machen wollte?

H. Ludw. Das kann er nie! Zu tief hat er mich gedemüthigt, zu tief in Schmach gestürzt! Er hat's dahin gebracht, daß ich vor diesem Heinrich, den ich so grimmig hasse, erröthen, daß ich ihn beneiden muß! Heinrich war ein Tyrann für alle Welt, am meisten für seinen Sohn — und dennoch ist dieser Sohn dankbar und liebevoll gegen ihn und hat in dem Tyrannen den Vater nie vergessen... Ich war das nie gegen jenen Mann, den Ihr genannt; ich wollt' ihn nur verhindern, Schmach auf mein edles Haus zu bringen... er aber trotzte mir und hat die Tochter meines Feindes als Hausfrau eingeführt in mein unbeflecktes Haus....

Marg. Ich hab' davon gehört.. Kennt Ihr Margarethe von Brandenburg?

H. Ludw. Nein, wozu auch? Sie ist ihres Vaters Tochter.

Marg. Wer weiß.. vielleicht, wenn Ihr sie kenntet, Ihr würdet milder von ihr denken — die Ferne täuscht und Menschenworte lügen... Nicht wahr, Ihr wehrt mir nicht, wenn ich Euren Sohn hoffen lasse, Ihr wollt ihn seh'n...

H. Ludw. Niemals... sein Anblick wär' mein Todesstoß...

Marg. (für sich) Umsonst! — (Laut) Ich höre Schritte von Geharnischten: es wird der angesagte Ritter sein, den Herzog Heinrich an Euch schickt... O laßt mich nicht mit leeren Händen geh'n, nicht wieder kommen ohne Hoffnnng!

H. Ludw. Ihr sprecht umsonst... Wie sehr ich Euch verehre, edle Frau, entnehmt daraus... von keinem andern Sterblichen hätt' ich mir sagen lassen, was Ihr mir gesagt.

Marg. (im Abgehen). Dennoch sei's versucht.

Zweiter Auftritt.

(Herzog Ludwig wirft sich in den Stuhl und stützt sinnend sein Gesicht in die Hände. Ritter Jobst von Abensberg tritt ein.)

Abensberg. Gnädigster Herr! Wie macht es mich glücklich, Euch wieder einmal meine unbegränzte Ehrfurcht...

H. Ludw. (Sich umwendend.) Ihr seid es Abensberg? Nun, ich hab' es längst aufgegeben, mich zu verwundern... doch find' ich's stark, daß eben Ihr als Herzog Heinrich's Abgesandter zu mir kommt! Wie lang ist es denn, daß Ihr bei mir war't, in Ingolstadt und in ganz and'rer Absicht?

Abensb. Das Kriegsglück war gegen uns... um nicht Alles zu verlieren, mußten wir uns mit dem Vergleich, den Herzog Heinrich bot, begnügen und uns fügen.

H. Ludw. Und Ihr habt Euch begnügt und gefügt? Nun wohl bekomm's! Mein Nacken ist zu hart... mir soll kein

Doch trauf kommen, nicht mit Schmeicheln, nicht mit Gewalt!
— Doch was ist Eurer Sendung Zweck? Wann soll ich frei
sein?

Abensb. So bald Ihr wollt, gnädigster Herr... Ihr
braucht nur die Bedingungen einzugeh'n...

H. Ludw. Erst gebt mich frei, dann geh 's an's Unterhandeln.

Abensb. Das dürfte, meint der Herzog, nicht wohl
räthlich...

H. Ludw. Ich verstehe. Mit mir ist nicht gut unterhandeln, meint er? — O, ich bin zahm geworden... ich
tanze an meiner Kette, wie der Bär!... Aber ich schenk' Euch
Eure Bedingungen... hört dafür die meinen. Ihr gebt
mich frei und alle meine Lande unverkürzt, wie ich sie besaß
— dann will ich Urfehde schwören, mich an Niemand zu rächen
und in meinem Erker auszulöschen wie ein Krankenlicht...

Abensb. Angenommen, gnädigster Herr, und das mit
Freuden. Denkt Ihr so, dann ist nur noch eine Kleinigkeit
zu schlichten. Der Krieg hat große Summen gekostet und
viel Schaden gethan: drum gilt es, die Entschädigungen...

H. Ludw. Entschädigung? Die mag Herzog Heinrich
sich bei Euch erholen, — die Andern, Ansbach, München,
Brandenburg, sollen zufrieden sein, ihr Müthchen an mir gekühlt zu haben. Wer ungerufen kommt, geht ungedankt!

Abensb. So kann es nicht gemeint sein, gnädigster Herr.
Man fordert die Entschädigung von Euch!

H. Ludw. Von mir? Nicht einen Heller sollt Ihr haben.
Doch Neugier halber gebt Euern Zettel her!

Abensb. Ihr werdet zugestehen, daß Alles glimpflich angesetzt.

H. Ludw. Was? Sechzigtausend Goldgulden für Herzog
Heinrich, les' ich recht? Und zweimalhunderttausend für die
Stiftungen in Ingolstadt? Für die Stiftungen, die ich selbst
gemacht? Will man mich schon lebendig erben? Siehe da —
das Markgräflein von Ansbach hat sich weislich nicht vergessen!
Die sechzigtausend wären eben recht, sein schäbig Hütlein
wieder zu vergolden! Da liegt der Wisch, bringt ihn den
Nürnberger Juden, ob sie ein Pfund Heller darauf leih'n.

Abensb. Durchlaucht!

H. Ludw. (Schlägt auf den Tisch). Genug, mehr als genug! Verhöhnt man mich, weil ich gefangen bin? Ihr habt die Haut verkauft, noch eh' Ihr den Bären habt — auch im Käfig bin ich noch nicht der Eure!

Abensb. Wie Ihr's nun wieder schief aufnehmt, gnädigster Herr. Bei jedem Frieden ist es üblich, daß die Entschädigung...

H. Ludw. Entschädigt Euch unter einander! Küßt oder kratzt einander, wie's Euch geliebt — doch mich laßt aus dem Spiel! Ich hab' nicht angefangen: mag jeder selber seinen Schaden tragen!

Abensb. Ihr thätet besser, Euch zu fügen — zuletzt müßt Ihr Euch doch von Euren Schätzen trennen!

H. Ludw. Von meinen Schätzen trennen? Schwachkopf, was ist mir Gold? Was anders, als der Köder für den Rachen der Gemeinheit, der gierig darnach schnappt! Geht, sagt es denen, die Euch abgesandt, und die im Geiste schon in meinem Golde wühlen: — nicht die Forderung des schnöden Metalls ist's, was mich entrüstet: nein, es ist der ungerechte Zwang, den man an mir üben will. Ihr habt nicht Recht, noch Glimpf zu meinem Gut! Kommt her und rennt mir Eure Schwerter in den Leib — Ich sage Nein und sterbe!

Abensb. Dann kann ich nur bedauern...

H. Ludw. Bedauert Euch selbst, wenn Ihr's zu Stande bringt... mir aber verderbt nicht länger das Bischen Luft, das man mir noch gelassen! (Abensberg trotzig ab. Utz ist während der letzten Reden eingetreten.

Dritter Auftritt.
Ludwig. Utz.

H. Ludw. Und mit diesen Menschen wollt' ich etwas erreichen — auf solche Menschen konnt' ich bauen! Ich war ein Thor und ein Wunder wär's, wenn der Bau nicht eingestürzt! — Hörst Du's auch, Alter? Wir sind so weit, daß man schon anfängt uns zu bedauern! Mit Unrecht hält man mich hier gefangen — die volle bedingungslose Freiheit ist mein Recht... das will ich und will's nicht kaufen, will nicht schachern drum und markten! — Was ist Dir? Du siehst drein, als wäre auch Dir das Bedauern in die Augen gekommen?

Uz. Es ist nicht das, Herr, aber ich hab' eine Entdeckung gemacht... die Euch hart betreffen wird.

H. Ludw. Mich hat das Härteste getroffen und gehärtet... Was kann noch kommen?

Uz. Die Frau des Burgvogts, des Ritters von Aham, die stets um Euch war und Euch ganz zu gewinnen wußte... Sie ist nicht, wofür sie sich ausgibt.

H. Ludw. Faselst Du?

Uz. Als ich vorhin den Abensberger zu Euch geleitete, verließ sie Euch eben, und begegnet' uns. Da hört' ich, wie der Ritter sie begrüßte als gnädige Herrin und als Herzogin.

H. Ludw. Du träumst, Alter! Welch' eine Herzogin?

Uz. Wenn ich's denn sagen muß — es ist die Tochter des Brandenburgers, Eures Sohnes Frau...

H. Ludw. Du sprichst im Fieber, komm zu Dir! Die Frau des Aham, die mich stets besucht?

Uz. Ist die Brandenburgerin...

H. Ludw. Sie — die sich so freundlich mir genaht? — vor der mein Herz sich aufthat, arglos, weit und offen? Sie hätte mich betrogen? Diese hier? (Auf Margaretha zeigend, die in der Thüre steht.)

Uz. Sie ist's.

Vierter Auftritt.

(Die Vorigen. Margaretha.)

H. Ludw. Was sucht Ihr hier? Die Frau des Ritters Aham war willkommen — für Margarethe von Brandenburg hat diese Zelle keinen Raum!

Marg. Ward ich erkannt? Wohl, der Augenblick der Entscheidung naht, so mag die unnütz gewordene Hülle fallen... Ja, ich bin, die Ihr genannt!

H. Ludw. Was wollt Ihr bei mir? Wär' ich frei, ich hätte diese Zelle schon geräumt.. da ich's nicht bin, kann ich nur sagen, daß ich sie keinen Augenblick mit Euch theilen will.

Marg. Und warum? Wie oft habt Ihr mir betheuert, meine Nähe sei Euch willkommen, mein Gespräch geb' Euch Erheiterung in der Einsamkeit des Kerkers... ist das nicht mehr? Bin ich verwandelt, weil mein Name sich verändert?

H. Ludw. Ihr habt ein falsches Spiel mit mir gespielt und mir mein Zutrauen tückisch abgelistet... was ich an Euch für ächt gehalten, Lüge war es, Verstellung, Trug: hab' ich zuvor Euch unbekannt gehaßt, thu' ich's jetzt doppelt und Ihr selber habt mir das Recht dazu gegeben!

Marg. Rein ist die Absicht, in der ich kam: ich wollte den Haß entwurzeln und Raum schaffen für der Liebe Wachsthum; drum wählt' ich diesen Weg und hoffe noch — ich hab' ihn nicht verfehlt.

H. Ludw. Ihr habt Euch eingeschlichen, wie die Schlange — wie die Schlange schleudr' ich Euch von mir.

Marg. Und ist das edel, Herzog Ludwig? Ist's gerecht? Ist's des Mannes würdig, der sein ganzes Streben dem Recht geweiht? Doch schmäht mich immerhin — verkennt, mißachtet mich... ich werd' es tragen... für mich nicht ist geschehen, was ich that! — Ich that's für meinen Gatten, Euern Sohn — ich that's, die Vaterarme wieder ihm zu öffnen!

H. Ludw. Vergebliche Müh'n — sie bleiben ihm verschlossen. Sein Anblick ist verhaßt mir, wie der Eure... Geht, geht, mißbraucht den Vortheil nicht, den mein Gefangensein Euch gibt.

Marg. Ich kann nicht, kann nicht mehr zurück, in diesem Augenblick muß sich mein Werk vollenden oder scheitern!

H. Ludw. Versteh ich Euch?

Marg. Ihr könnt mich nicht mißverstehen... (Ludwig wird sichtbar.)

H. Ludw. (Aufschreiend.) Ludwig... Hinweg, hinweg von hier! Utz, reiß das Fenster auf, rüttle das Gitter los — ich will hinaus — dem Anblick des Basilisken zu entgehen...

Fünfter Auftritt.

(**Herzog Ludwig. Margarethe. Prinz Ludwig,** in einfachem Hauskleide, abgemagert, krank.)

Ludw. (Am Eingang, knieend.) Verzeihung, Vater und Versöhnung!

H. Ludw. Hinweg... ich kenne Dich nicht, ich habe nie dies Angesicht gekannt... (da Ludwig sich nähert) Sprich mich nicht an, komm' mir nicht zu nah... nicht mein Wille ist's, wenn ich das Gefängniß mit Dir theile, in das Du mich warfst.

Ludw. O, Ihr sollt frei sein, Vater! In wenig Tagen — ich gelob' es Euch! Ich will Herzog Heinrich, der mich überlistet, zwingen, Euch frei zu geben, ... ich selbst will Euer Gefängniß öffnen, — nur saget mir, eh' es noch gethan, daß Ihr verzeihen wollt: nur hoffen laßt mich's Vater!

H. Ludw. Stiehl' dieser Welt die Sonne — dann geh' hin und bettle, ob sie im Erstarren Dir verzeiht! Verzeih'n, wo man nicht vergessen kann? Wo zu vergessen ein Frevel wäre?.. Aus meinen Augen... Kain!

Ludw. Vater! Die Hand des Herrn hat mich berührt und lastet schwer auf mir, — meine Athemzüge sind gezählt. Werd' ich vor dem Allwissenden erscheinen, — eine Lüge auf den erblaßten Lippen?.. So wahr ich bald hier sterbe und dort leben will.. ich habe keine Schuld an diesem Blute!

H. Ludw. (stark) Du? — Unschuldig!?

Ludw. Unschuldig, bei dem ewigen Richter! — Der Elende, der jene furchtbare That beging und Beifall fordernd damit vor mich trat, empfing durch mich den Lohn, der ihm gebührte... den Tod von Henkershand!... Ich hab' ihn auch geliebt den holden Knaben, und als er verloren war, erkannt' ich's erst, wie sehr... Um seines Schattens willen, der mir gewiß nicht grollt dort in der Ewigkeit... Verzeihung!

Marg. Sprach nicht der geliebte Todte selbst noch für den Bruder? Ich hab's gehört von solchen, die ihn sterben sah'n... Erfüllt sein Wort... „Reicht Euch die Hände über mir!"

Ludw. Vater... bald seid Ihr ganz allein — ganz kin=
derlos! Verwerfet nicht die Bitte Eures letzten Sohnes!

H. Ludw. (wie zuvor, immer abgewendet, doch milder). Des letzten Sohnes! Ganz kinderlos! Bin ich's nicht schon? Ich bin's durch Dich! Du hast des beß'ren Sohnes mich beraubt! Du hast den Kampf entflammt, der ihn hinein riß und das zarte Sein zermalmt in uns'rem feindlichen Zusammenstoß!... Geh', ich will nicht wissen, daß ich Dich gesehn!

Marg. Wenn er von Euch sich losgesagt... ich bin's, um die er es gethan! Ihr haßtet mich, da Ihr mich nicht ge=

kannt — als Ihr mich kanntet, habt Ihr mich geliebt — wie
er, um meiner selber willen mich geliebt.... Könnt Ihr nun
mir zürnen? Zürnen, weil ich dem Sohne das Herz des Va=
ters wieder gewinnen wollte, das er für mich dahin gegeben? —
Es war ein kühnes Wagstück — ich wußt' es vorher und ich
wagt' es doch! Ich that's, weil ich die Sehnsucht sah, die zeh=
rend am Herzen des Gatten nagte — weil ich an Eures Hasses
Ewigkeit nicht glaubte! Ich baute b'rauf — ein großes, ein
gerechtes Herz kann nicht für immer so sich widersprechen...
ich war gewiß, es bedurfte nur des warmen weckenden Hauchs,
so muß die Eisesrinde springen und .. die zurückgedämmte Liebe
bricht hervor!

H. Ludw. Denkt nicht, weiter noch mit mir zu spielen,
wie Ihr gethan! Euer Zauber hat seine Kraft verloren — er
prallt zurück an der Erinn'rung Eures Trugs!

Marg. Mein ganzer Trug war Liebe — Liebe macht
selbst den Trug zur Wahrheit: wo wäre Wahrheit, wenn nicht
in der Liebe? O weist sie nicht zurück! Macht nicht, daß mein
Glauben an Euch sich in Trug verwandeln muß... empfangt
den Sohn in Euren Armen wieder!

H. Ludw. — Nein! —

Marg. Ich glaub' es nicht — ich hab' es nicht gehört!
Ihr könnt dieß Wort nicht sprechen, das Euch vor Gott ver=
klagt und Euch zum Schuldigen macht vor ihm — zum einzig
Schuldigen!

Ludw. (wirft sich auf's Knie). Auf meinen Knieen, Vater...
gewährt die letzte Bitte eines Sterbenden!

H. Ludw. (wild und finster, wendet sich schweigend ab).

Marg. So stehe auf, mein Ludwig... Du thatst, was
Du gesollt — ich künd' es Dir: Du bist entsühnt! Erhebe
Dich, entwürdige Dich nicht länger!

H. Ludw. ... Entwürdigen?

Marg. Ich hab's gesagt! — Steh' auf Ludwig — wir
haben uns in diesem Mann getäuscht, den alle Welt als den
Gerechten preist! Wir haben auf ein Menschenherz gerechnet —
in diesem Fels hat nie ein Puls geschlagen!

H. Ludw. Ich that, was ich für Recht hielt, und will's
vor Gott vertreten...

Marg. Recht, Herzog Ludwig?... O trotzet nicht auf's Recht! Zum Unrecht wird das überspannte Recht und prallt, wie auf den Schützen der eigne Pfeil zurück! Das Leben auszumessen, reicht das Recht nicht aus — die Gnade nur, die Liebe kann's... auf der furchtbaren Waage des ewigen Richters aber, an den Ihr mahnt, wird die Thräne der Reue nicht verschmäht... sie füllt die Schale überquellend bis zum Rande und schnellt die Last der größten Missethat empor!... Auf, mein Gemahl!

Ludw. (hat sich, von Margarethen beinahe erhoben, etwas aufgerichtet, kehrt aber in seine vorige Stellung zurück). Ich kann nicht, — meine Kniee wachsen hier im Boden fest! — Verzeihung, Vater, und Versöhnung!

Marg. Versöhnung war des Todten letztes Wort... Vernehmt Ihr's nicht? In seinem Klange ruft Wieland Euch vom Jenseits zu!

H. Ludw. (der bei dem Namen zusammengebebt). ... So geh ... mit Gott... Geh — ich... verzeihe Dir!

Ludw. (springt auf und breitet die Arme aus)... Vater...

Marg. (führt sie einander entgegen). Hier... offne Arme und ein offnes Herz!

H. Ludw. ... Mein Sohn!... (Stürzen sich in die Arme und halten sich weinend umschlungen; **Margaretha** schmiegt sich an **Ludwig**. — Gruppe. — Der Vorhang fällt langsam.)

Fünfter Aufzug.

Erster Auftritt.

(Scene wie im vierten Aufzug; **Herzog Ludwig** liegt schlafend auf dem Lager im Grunde; **Utz** sitzt im Vorgrund.)

H. Ludw. (Träumend.) Halloh — die Meute los! Dort ist der Hirsch — Halloh! (Erwacht.) Sieh da ein Traum, der mich mit Bildern der Freiheit geäfft! — Mir war, als flög' ich hoch zu Roß bei Hörnerschall durch den grünen Tann...

verächtlich Spiel, das beim Erwachen die Wirklichkeit nur um
so trüber macht... Wie weit ist's an der Zeit?

Utz. Die Sonne wird bald untergeh'n.

H. Ludw. Hilf mir die Stufen dort hinauf, zum Gitter-
fenster; ich will sie sinken sehen. Es war mir allemal ein
lieber Anblick und mich dünkt, ich werde ihn nicht oft mehr
genießen.

Utz. Keine solche Gedanken, gnädigster Herr! Ihr habt
recht sanft und ruhig geschlafen!

H. Ludw. Und bin doch nicht erquickt! Das ist der
rechte Schlaf nicht, der Leib und Seele stärkt und reinspült
von dem Schlamm des Tages: das ist der Geselle der Er-
schöpfung, der Vorbote des letzten Einschlafens! — Gram und
Schmerz, und Grimm und Kerkerluft haben an meiner Kraft
genagt, wie hungrige Wölfe... ich bin nur noch ein Schatten,
den vielleicht schon die nächste Sonne aufzehrt und verscheucht.

Utz. Ich bitt' Euch, redet nicht so, gnädigster Herr!
Wollt Ihr meinen alten halbblinden Augen vollends den Garaus
machen? Wollt Ihr nicht herauf zum Fenster, wegen des
Sonnenuntergangs?

H. Ludw. Nein, die Lust ist mir vergangen... sie geht
so groß, so glanzvoll unter, als mein Ende klein und dunkel
ist, — ich will nicht erröthen vor der sinkenden Sonne.

Utz. Weiß ich denn gar nichts, was Euch erheitern könnte!

H. Ludw. Laß Alter... mein Sinn ist stumpf oder
das Dasein ist geschmacklos geworden! Ich weiß nur Eines
das mich stärken könnte, das mich verjüngte wie einen greisen
Adler... die Freiheit wär's! Ein einziger freier Athemzug
machte mich gesund! Noch immer keine Nachricht von Ludwig?

Utz. Keine.

H. Ludw. Er zögert lang, ich ahnt' es wohl, er hat
ein schwierig Werk unternommen... Herzog Heinrich's Gemüth
ist rauh wie seine Geldsäcke und wie ihr Inhalt, hart und
kalt!

Utz. Der Prinz kann wohl auch keine Nachricht schicken,
— hab's vor einigen Tagen gehört, er sei um Vieles kränker
worden. Vielleicht kommt Euch von anderwärts die Freiheit:
Ihr wißt, wie eifrig der Kaiser sich für Euch verwendet
— die Könige von Spanien und Frankreich haben dringende

Briefe an Herzog Heinrich geschrieben wegen Euch und die Reichsfürsten alle wollen...

H. Ludw. Zu spät! Die Fürsten konnten und mußten wehren, daß ich so tief nicht sank — mich wieder zu erheben, steht nicht in ihrer Macht!... Wer kommt?

Zweiter Auftritt.

(Die Vorigen. Margarethe in tiefer Trauer, in der Thüre stehend.)

H. Ludw. Ihr seid es, Margaretha?... Gebt Eurer Botschaft keine Worte... Dies Kleid verkündet ihren Inhalt!

Marg. (Tritt zu ihm, der tief erschüttert in einen Stuhl gesunken.) Ich bringe sein letztes Grüßen... versöhnt, schmerzlos und ruhig ging er heim...

H. Ludw. Auch er dahin! Allein — Ich steh' allein am Grabe meines Hauses...

Marg. Sein letztes Denken war bei Euch,... sein letztes Wort die Bitte um Verzeihung, weil er das Versprechen, Euch zu befreien, nicht mehr erfüllen konnte.

H. Ludw. Er hat's gewollt, sein Wille sei gesegnet... sei ihm die Erde leicht! — Edle Frau, Ihr habt ein bittres Amt Euch aufgelegt... Ihr habt dem Sohn die Augen zugedrückt, und kommt, dem Vater das Gleiche zu thun! Willkommene Hand — Du bringst den Tod so schön und weich, wie einen Händedruck der Liebe!

Marg. Ermannt Euch, Herr, gebt Euch der Schwäche nicht hin — eine große Botschaft harrt Euer, die den ganzen Mann erfordert!

H. Ludw. Was es auch sei — der Bodensatz meines Lebens ist so herb, daß keine Freude ihn versüßen kann!

Marg. Die Botschaft wird es thun! Durch meines Gatten Tod ist aller Zwist gehoben, geschlichtet jeder Zweifel. Ihr seid allein Herr und Regent des Landes — die treuen Bürger von Ingolstadt und Neuburg sind schon unterwegs...

H. Ludw. (In immer wachsender Erregung). Die Bürger Ingolstadts sind unterwegs? Sagtet Ihr nicht so?... Oh, in diesem Wort liegt Alles, was ich zu wissen brauche, — in diesem Ton rauscht Alles, wornach meine verschmachtende Seele

gelechzt! Ich kenne meine Bayern! Sie sind des Schimpfes
müde, den man mir angethan... nicht wahr? Sie hauen
durch nach ihrer derben Art... O Freunde, Freunde, freuet
Euch mit mir: ich werde frei sein — mein letzter Athemzug,
er darf verweh'n in freier Gottesluft!

Marg. Die Freude überwältigt Euch!

H. Ludw. Nein, stärken wird sie mich! (Kriegerisch fest=
liche Musik von Hörnern und Heerpauken hinter der Scene, allmählich
näher kommend). Hört Ihr? Da sind sie schon! Sie stürmen
an.. O rasselt nur, Ihr Trommeln! Tönt, wilde Hörner, tönt ..
Ihr übertönt mein Herz nicht, ... sie sind da!

Letzter Auftritt.

(Die Vorigen; Bürger und Krieger mit der baierischen Fahne
bringen ein und umgeben die Mittelgruppe, so daß die Fahne hinter
Herzog Ludwig zu stehen kommt.)

Bürger. Heil, Herzog Ludwig! Unserm Herzog Heil!
(Allgemeiner Zuruf.)

H. Ludw. Ich kenne dieses Rauschen ... es ist Baierns
Banner, das mir überm Haupte weht!

Bürger. Heil, edler Herzog, ruf' ich noch einmal für
Alle — Ihr seid unser Herr und Gebieter wieder und seid
frei!

H. Ludw. (Sich aufrichtend.) Frei! Endlich frei!

Bürger. Erhebet Euch! An unserer Spitze schreitet aus
dem Kerker! Kein Feind ist mehr, vertragen ward jeder Zwist ...

H. Ludw. (Stark.) Was sagt Ihr da? Was schwatzt
Ihr von Vertrag? Sinds nicht Eure Schwerter, die meinen
Kerker aufgesprengt?

Bürger. Es bedurfte dessen nicht, gnädigster Herr! ...
Euer Land hat alle Forderungen Eurer Feinde befriedigt und
Euch ausgelöst ...

H. Ludw. (Außer sich.) Was? Nicht im ehrlich offenen
Kampf soll mir die Freiheit werden? Nicht als mein gutes,
lang entbehrtes Recht? Nein, heimlich nur ... in Winkelzügen
... nur so von Hand zu Hand? Verhandelt bin ich noch
einmal und der Käufer ist mein eignes Volk? ... O geht,
geht ... diese Hoffnung war zu schön, zu mächtig diese Freude

... die Enttäuschung wirft mich nieder! (Sich aufraffend). Um diesen Preis ... mag ich die Freiheit nicht — in meinem Kerker will ich sterben! (Sinkt zusammen).

Uß, Bürger. Gnädigster Herr!

Marg. O Leides Uebermaß, das über ihm zusammenschlägt ... er stirbt!

H. Ludw. Sterben? ... Ist das der Tod, was mich umfängt? ... Nein, nein ... die wahre Freiheit ist's, — der erste Blick ins ew'ge Land des Rechts! ... Leb' wohl, Margarethe ... Du stehst vor mir wie ein Friedensengel und das warst du mir! ... Lebt Alle wohl ... grüßt mir mein Volk! Es werden Tage kommen, in denen das Recht in seinem Grundbau wankt ... dann soll's meiner gedenken und am Rechte halten ... Was hebt mich so empor? ... Der Kerker sinkt ein ... Gott, welch ein Glanz! — Licht! — Freiheit! — Recht! ... (Er stirbt. Margaretha neigt sich schmerzlich über ihn, Uß betend zu seinen Füßen; Gruppe der Bürger und Krieger, welche die Fahnen senken).

Ende.

———